J. I. Černjak

Analyse und Synthese von Systemen in der Ökonomie

J. I. ČERNJAK

Analyse und Synthese von Systemen in der Ökonomie

Herausgegeben in deutscher Sprache
von Prof. Dr. Hannelore Fischer, Berlin

AKADEMIE-VERLAG · BERLIN 1972

Russischer Originaltitel:
Анализ и синтез систем в экономике, Москва 1970
Ins Deutsche übersetzt von Renate Lange, Berlin

Erschienen im Akademie-Verlag GmbH Berlin,
108 Berlin, Leipziger Straße 3—4

Lektor: Dieter Graf
Umschlag: K. Salzbrunn
Lizenznummer: 202 · 100/25/72
Gesamtherstellung: IV/2/14 VEB Druckerei
»Gottfried Wilhelm Leibniz«,
445 Gräfenhainichen/DDR · 3857
Bestellnummer: 5952 · ES 5 B 4
EDV-Nr.: 752 257 8
9,–

Vorwort des Herausgebers

In der jetzt in deutscher Sprache vorliegenden Arbeit „Analyse und Synthese von Systemen in der Ökonomie" behandelt der sowjetische Verfasser Černjak Probleme der Durchdringung und Gestaltung großer Bereiche der Volkswirtschaft. Dabei ist die Darstellung auf das wissenschaftliche Instrumentarium, das die sozialistische Gesellschaft braucht, um die Volkswirtschaft in ihren Teilen rationell leiten zu können, konzentriert.

Besonderes Augenmerk wird nach einem kritischen Überblick über die international vorhandenen wissenschaftlichen Verfahren auf die in der Sowjetunion erfolgreich angewendeten Methoden gelegt. Gründlich und systematisch wird die Methodik vorgestellt, die zur Analyse vorhandener Bereiche und zur Projektierung neuer Systeme erforderlich ist.

Der Arbeit liegen die großen theoretischen und praktischen Erfahrungen der Sowjetunion einschließlich der eigenen Arbeit des Verfassers auf diesem Gebiet zugrunde.

Die in der Praxis erprobten Grundsätze des Vorgehens bei der Systemanalyse und ihre Anwendung in der Volkswirtschaft, die Anwendung ökonomisch-mathematischer Modelle und ihre Verknüpfung haben vor allem unter dem Aspekt der automatisierten Leitungssysteme, die in der Sowjetunion theoretisch entwickelt, in verschiedenen Bereichen erprobt und entsprechend den Beschlüssen des XXIV. Parteitages in 1600 Betrieben wirksam werden, eine große Bedeutung.

Černjak informiert in seinem Buch in verständlicher, populärwissenschaftlicher Form, so daß die Probleme einem großen Leserkreis zugänglich sind, und ergibt aus seinem Erfahrungswissen Hinweise und Anregungen für die praktische Arbeit.

So empfiehlt er zum Beispiel, große Systeme nicht von Anfang an fertig zu projektieren, sondern sie im Prinzip zu entwickeln, die Reihenfolge der Arbeit festzulegen und bestimmte Teillösungen einzuführen, um Effektivitätsverluste durch Umstellungen zu vermeiden (Seite 38, 78). Durch die vorliegende Arbeit werden Erkenntnisse und Erfahrungen aus der Sowjetunion vermittelt, die für die Wirtschaft der DDR von großer Bedeutung sind, da auch bei uns in der Arbeit der Kollektive und der Leiter wissenschaftliche Instrumentarien genutzt werden. Die Vermittlung dieser Kenntnisse ist auch deshalb wichtig, weil die wachsende sozialistische ökonomische Integration mit der Sowjetunion und den anderen RGW-Ländern nicht nur die Verflechtung im materiellen Sinne beinhaltet, sondern auch die direkte Zusammenarbeit auf dem Gebiet der Wirtschaftsorganisation und der Planung, so daß damit verbunden das gemeinsame Nutzen wissenschaftlicher Methoden erforderlich wird.
In diesem Sinne ist die Arbeit von Černjak von unmittelbarem Interesse, nicht nur zum Verständnis der in der Sowjetunion angewendeten wissenschaftlichen Methodik, sondern zu ihrer Aneignung als einem Arbeitsmittel im gemeinsamen Wachstumsprozeß der Wirtschaft. Aus diesem Grunde ist dem Buch ein aufmerksamer Leserkreis zu wünschen.

Berlin, Mai 1972 Hannelore Fischer

Vorwort

In dem Buch wird der Versuch unternommen, in populärer Form ökonomisch-kybernetische Erkenntnisse darzulegen, die für die erfolgreiche Arbeit an der Vervollkommnung bzw. Entwicklung von ökonomischen Leitungssystemen benötigt werden. Für die modernen Leitungssysteme ist ein erheblicher Aufwand an Arbeit und Spezialkenntnissen von Mathematikern, Ingenieuren für Rechentechnik und Linguisten, von Programmierern und Juristen notwendig. Probleme zu formulieren, Arbeit zu leiten, Kollektive zusammenzusetzen und deren Tätigkeit zu kontrollieren: all das sind Aufgaben des Leiters eines Betriebes, eines Ministeriums bzw. eines Planungsorganes. Ein Leiter kann und muß aber nicht alles wissen, was von den Spezialisten für die einzelnen Teilsysteme verlangt wird. Zur erfolgreichen Durchführung seiner Aufgabe als Organisator und Leiter muß er die Hauptprinzipien des Aufbaus des Systems insgesamt, den Ablauf und die Methodologie der Arbeiten, die Bestimmung und die Möglichkeiten der einzelnen Methoden und Mittel kennen, er muß den wichtigsten Komplex von Begriffen und Termini der ökonomischen Kybernetik beherrschen, der eine Verständigung mit den Spezialisten für die Entwicklung der Systeme garantiert. Leitungssysteme in der Volkswirtschaft sind vor allem sozialökonomische Systeme, und die Methoden für ihren Aufbau unterscheiden sich grundlegend von der Entwicklung neuer Muster für Erzeugnisse bzw. von neuen Bauobjekten. Die Standardmethoden eines Ingenieurs oder Konstrukteurs sind zweifellos bei der Ausarbeitung von ökonomischen Systemen nützlich, erweisen sich jedoch hier als völlig unzureichend. Die ökonomischen Systeme sind im Unterschied zu technischen Systemen äußerst kompliziert, schwer verständlich und wenig erforscht. Deshalb steht bei der Lösung jeder konkreten Aufgabe zur Vervollkommnung der ökonomischen Leitung das allgemein-wissenschaftliche systematische Herangehen – die Methoden von Analyse und Synthese – an erster Stelle.

Analyse und Synthese eines Systems sind zwei Seiten, zwei aufeinanderfolgende Etappen der Vervollkommnung der Wirtschaftsleitung.

Die Methoden der Analyse eines ökonomischen Systems schließen vor allem ein, daß man das Problem formulieren kann, daß man genau bestimmt, wodurch sich die bestehende Situation von der gewünschten unterscheidet und auf welchem Wege die notwendigen Ergebnisse erzielt werden können. Dementsprechend müssen die Ziele und Kriterien zur Erreichung dieser Ergebnisse formuliert werden. Dabei muß man berücksichtigen, daß die Ziele eines ökonomischen Systems und die Ziele bei der Entwicklung des Leitungssystems, das die ersteren realisieren soll, verschiedene Dinge sind. Um die Aufgabenstellung für die Entwicklung des Leitungssystems zu formulieren, muß man das Problem in die Aufgaben zerlegen, aus denen es besteht. Die ökonomischen Leitungsprozesse, die kompliziert und spezifisch sind, müssen als technologische Prozesse der Informationsverarbeitung aufgefaßt werden, wobei der einzige Rohstoff die Informationen und die Kenntnisse sind und der Produktionsprozeß auf die Lösung von Leitungsaufgaben hinausläuft. Das macht Kenntnisse über neue spezifische Methoden und konkrete Untersuchungsmethoden für die Aufgaben der ökonomischen Leitung und der Informationsflüsse erforderlich.

Die Synthese eines ökonomischen Leitungssystems erfordert, daß man vor der Projektierung und Einführung genau festlegen muß, wofür das System bestimmt ist und worin seine Funktion bestehen soll. Von der Vielfalt von Methoden und Mitteln zur Erreichung des Zieles müssen die effektivsten und ökonomisch zweckmäßigsten ausgewählt werden. Die technischen Mittel sind in diesem Komplex ein unbedeutender Teil. Im wesentlichen handelt es sich um bestimmte Arbeitsmethoden, Verfahren zur Organisation der Arbeit der Menschen im Kollektiv, Formblätter für Belege und Arbeitsanweisungen. Hier darf es nicht vorkommen, daß man sich irgendeiner Methode bedient, etwa nur, weil sie neu und wissenschaftlich

begründet ist. Man muß den Inhalt und die Möglichkeiten aller wichtigen Methoden und Mittel und die Verfahren zur Erreichung einer effektiven ökonomischen Leitung kennen.
Die Synthese des Systems wird auf der Grundlage von Erwägungen über die größte Effektivität und ökonomische Zweckmäßigkeit unter den Bedingungen eines konkreten Betriebes bzw. einer Einrichtung durchgeführt.
Das Buch ist im wesentlichen auf der Grundlage der praktischen Erfahrungen des Autors geschrieben. Als Organisator von Leitungssystemen hat der Autor die Literatur und die wissenschaftlichen Konzeptionen verwendet, die sich nach seiner Meinung als die nützlichsten in der praktischen Arbeit bei der Vervollkommnung der ökonomischen Leitungssysteme erweisen können. Die allgemeine Methodologie der Arbeit zur Entwicklung von Leitungssystemen ist als Schlußfolgerung aus der Arbeitspraxis dargelegt.
Da diese Schrift für einen breiten Leserkreis gedacht ist, der an Problemen der Vervollkommnung von Leitungssystemen in der Ökonomie interessiert ist, wird das Material populär — ohne technische Einzelheiten und ohne den mathematischen Apparat — dargelegt. Hinweise auf interessante Publikationen sind am Schluß zusammengestellt.

Kapitel 1

Ökonomische Leitungssysteme

1. Probleme der Leitung in der Ökonomie

In der Struktur der gesellschaftlichen Produktion sind in der zweiten Hälfte des 20. Jh. große Veränderungen vor sich gegangen, die nicht nur in der Sphäre der Planung und Leitung der Volkswirtschaft, sondern auch in jedem Betrieb, jeder Einrichtung, jeder Bau- bzw. Handelsorganisation sichtbar werden.

In den materiellen Lebensbedingungen und in der Arbeitstätigkeit treten neue Probleme auf, man nimmt Erscheinungen wahr, auf die man früher nicht geachtet hat. Das zwingt jeden Ökonomen, Ingenieur, Wirtschaftler, der daran interessiert ist, seine eigene Arbeit und die Arbeit seines Kollektivs rationeller und produktiver zu gestalten, auf neue Weise die ihm vertrauten Fakten und Erscheinungen zu betrachten. Dabei muß er auf viele bestehende Vorstellungen verzichten, er muß neue Gesichtspunkte und Betrachtungsmethoden für Erscheinungen entwickeln.

Ferner darf man nicht übersehen, daß der Fortschritt in Wissenschaft und Technik, die Vervollkommnung der technologischen Prozesse sich schneller vollziehen als die Fähigkeit, sie zu organisieren und möglichst nutzbringend anzuwenden.

Die entstandene Diskrepanz zwischen dem Fortschritt der Technik und den Leitungsmethoden wird zu einem Hindernis für die Entwicklung der Produktivkräfte und hemmt das Wachstum der Produktion. Die Diskrepanz zwischen dem modernen Stand der Produktivkräfte und dem der Leitungsmethoden in den verschiedenen Gliedern und Zweigen der Volkswirtschaft kann äußerst unterschiedlich sein, sie hat jedoch den gleichen Ursprung – die ständig zunehmende Erschwerung der Leitung, die sich aus der Kompliziertheit der ökonomischen und materiell-technischen Beziehungen in

der Produktion sowie der zu produzierenden Erzeugnisse und deren Verwendungsmethoden ergibt.
Die Notwendigkeit einer grundlegenden Vervollkommnung und Erhöhung der Effektivität der Wirtschaftsleitung ist die wichtigste Frage der Gegenwart.
Die wachsende Schwierigkeit, ökonomische Prozesse, ihre Wechselbeziehungen und Gesetzmäßigkeiten zu verstehen, hat eine ganze Reihe von Wissenschaftsdisziplinen hervorgebracht. Ihr Ziel ist die Entwicklung von Konzeptionen, mit deren Hilfe komplizierte ökonomische Erscheinungen erklärt und konkrete Methoden und Leitungsformen für ökonomische Prozesse erarbeitet werden können. Für den gesamten Komplex von Disziplinen sind die weitgehende Anwendung der Modellierungsmethode, die Verwendung des mathematischen Apparates, die Aneignung von Begriffen und Methoden der technischen Wissenschaften charakteristisch.
Wie wir jedoch auch immer den Komplex der neuen Wissenschaftsdisziplinen bezeichnen mögen, sie erwachsen doch alle aus der marxistisch-leninistischen ökonomischen Theorie und sind dazu bestimmt, der sozialistischen Planwirtschaft zu dienen, die Methoden der Planung und Leitung in allen Gliedern und Zweigen der Volkswirtschaft weiterzuentwickeln. Diese neuen Wissenschaftsdisziplinen sind das Ergebnis von Integrationsprozessen zwischen verschiedenen Zweigen der Wissenschaft mit der ökonomischen Wissenschaft und ökonomischen Zweigdisziplinen.
In den dreißiger Jahren entstand die *Ökonometrie* – eine Wissenschaftsdisziplin, die die mathematische Beschreibung der ökonomischen Prozesse (hauptsächlich im volkswirtschaftlichen Maßstab), die Überprüfung der ökonomischen Theorien und Hypothesen mit Hilfe von Modellen, die Entwicklung von Prognosemethoden für die Entwicklung der Wirtschaft mit Hilfe statistischer und anderer Modelle und in den letzten Jahren die Entwicklung einer „ökonomischen Strategie“ unter den Bedingungen der kapitalistischen staatlichen Planung zum Ziel hat. Man muß auch auf die engen Beziehungen einer Reihe von ökonometrischen Methoden und Modellen zu bürgerlich apologetischen Theorien in der politischen Ökonomie hinweisen. In den letzten 10 Jahren jedoch, besonders nach der umfassenden Einführung von elektronischen Datenverarbei-

tungsanlagen in die Leitung der Wirtschaft, wurde eine Reihe ökonomischer Modelle eingehend überarbeitet und fand ihre praktische Anwendung in der Prognostizierung und der sogenannten Programmierung der Wirtschaft.
Die Verwendung des mathematischen und begrifflichen Apparates der Ökonometrie bei der Beschreibung und Analyse von Produktionskomplexen, Unternehmen und Betrieben führte zur Begründung der Wissenschaftsdisziplin Betriebswirtschaft. Diese Disziplin entwickelte sich parallel zur Ökonometrie und trug im wesentlichen beschreibenden und analytischen Charakter.
Während des zweiten Weltkrieges entstand eine neue Wissenschaftsdisziplin – die *Operationsforschung* –, die sich in den Nachkriegsjahren schnell entwickelte. Für diese Disziplin –, ein Gebiet der angewandten Mathematik – wurde zuerst das Ziel gestellt, einzelne konkrete Aufgaben im Militärwesen zu lösen. Später wurde die Operationsforschung für die Steuerung der Produktion, für Probleme der staatlichen und ökonomischen Leitung genutzt. Nach der Definition von führenden Spezialisten auf diesem Gebiet kann „die Operationsforschung im allgemeinsten Sinne als Anwendung von wissenschaftlichen Prinzipien, Methoden und Mitteln, Aufgaben, die mit der Funktionsweise von Organisationssystemen verbunden sind, mit dem Ziel, denjenigen, der diese Systeme leitet, mit einer optimalen Lösung auszustatten, bezeichnet werden"[1].
Die Entwicklung der Operationsforschung wird durch das Streben gekennzeichnet, einen Komplex von Aufgaben zu lösen, die objektiv bei der Durchführung bestimmter Leitungsprozesse miteinander verbunden sind. Das führte zur Einführung der sogenannten *Systemmethode* in die Operationsforschung, die für alle Hauptrichtungen der modernen Wissenschaft charakteristisch ist. Das Bemühen, Leitungsprobleme komplex und allseitig auf der Grundlage der Systemmethode zu erfassen, drückte sich in dem Entstehen und der schnellen Entwicklung der *Leitungswissenschaft* in den Nachkriegsjahren aus. Ziel dieser Wissenschaft ist die allseitige Entwicklung eines Komplexes untereinander verbundener Methoden und

[1] Churchman, U., Einführung in die Operationsforschung, Moskau 1968, S. 17; deutsch: Berlin 1970, S. 15.

Mittel, die die Schaffung rationeller und effektiver Systeme der ökonomischen Leitung sowie die Rekonstruktion alter, schon bestehender Systeme gewährleisten. Die Leitungswissenschaft stellt eine Synthese zwischen Methoden der mathematischen Modellierung und Analyse (der sich entwickelnden Ökonometrie, der Betriebswirtschaft und der Operationsforschung) der Methodologie von Organisationssystemen, der Nutzung der Rechentechnik und der Errichtung von Kommunikationssystemen für Leitungsorgane dar. Dabei werden die Informationstheorie, die Methoden der Datenverarbeitung sowie Methoden der soziologischen und psychologischen Forschungen auf dem Gebiet der Organisation von Leitungskollektiven und der Entscheidungsfindung genutzt.

Die Tatsache, daß die Leitungswissenschaft ein äußerst umfangreiches Gebiet von wissenschaftlichen Methoden und angewandten Disziplinen umfaßt, führte zur Entstehung einer Reihe spezieller, jedoch ebenso komplexer wissenschaftlicher Disziplinen, wie zum Beispiel dem Komplex von Methoden zur Schaffung von Systemen, der Methodologie für mechanisierte und automatisierte Systeme zur Verarbeitung ökonomischer Daten, dem Komplex technischer Mittel für die Übertragung und Verarbeitung von Informationen sowie anderer Ausrüstungen, die für das Funktionieren von Leitungssystemen sowie die Aufstellung von Programmen für deren Betrieb benötigt werden.

Die Systemmethode, die jetzt eine dominierende Richtung in der Entwicklung der Wissenschaft ist, wurde gleichzeitig auch auf dem Gebiet der theoretischen Kybernetik und der mathematischen Logik entwickelt; sie war das Ergebnis des Fortschritts der theoretischen Wissenschaften einerseits und die Antwort auf die dringenden Bedürfnisse in der Praxis der ökonomischen und wirtschaftlichen Leitung andererseits.

Als theoretische und methodologische Wissenschaftsdisziplin entstand die *allgemeine Systemtheorie* schon Ende der dreißiger Jahre. Einen äußerst intensiven Aufschwung nimmt sie jedoch erst gegenwärtig. Die allgemeine Systemtheorie, die unmittelbar mit der Erkenntnistheorie und einer Reihe anderer Gebiete der Philosophie sowie mit der mathematischen Logik verbunden ist, untersucht die Eigenschaften von abstrakten — sogenannten allgemeinen — Systemen. Die von ihr ermittelten

Gesetzmäßigkeiten des Erkenntnisprozesses von Systemen können bei entsprechender Auslegung der Methodologie für die Analyse ökonomischer Systeme zugrunde gelegt werden.
Arbeiten in dieser Richtung begannen erst in den letzten Jahren.

Die Bedürfnisse der Praxis, Systeme für die ökonomische und staatliche Leitung sowie komplizierte militärische Systeme zu konstruieren, brachten die neuesten Forschungsrichtungen hervor, die die Bezeichnung *Systemanalyse* erhielten. Die Verfechter der Systemanalyse untersuchen jedes Problem als einheitliches Ganzes unter Berücksichtigung aller seiner Wechselbeziehungen. Entsprechend dieser Konzeption erfordert die Aufstellung eines Systems die umfassende Berücksichtigung aller Umstände und die Bestimmung aller Faktoren, die mit der Lösung des Problems verbunden sind. Wie die Methoden der Operationsforschung, so entstand auch die Systemanalyse zunächst im Militärwesen und wurde von den Militäradministrationen der USA zur Analyse der sogenannten nationalen Verteidigungsziele benutzt. Der Komplex untereinander verbundener Ziele – von allgemeinen bis zu einzelnen Zielen – sowie von Mitteln zur Erreichung dieser Ziele verkörperte eben das „Militärsystem" der USA. Diese neue Methodologie findet jetzt immer breitere Anwendung bei der Analyse ökonomischer Leitungssysteme.

Die Bedingungen der sozialistischen Planwirtschaft in der UdSSR bestimmen die Aktualität und Dringlichkeit der Entwicklung von wissenschaftlichen Organisations- und Leitungsmethoden für die sozialistische Produktion in allen ihren Gliedern. Die Entwicklung der entsprechenden wissenschaftlichen Disziplinen als Bestandteile der sowjetischen ökonomischen Wissenschaft, wie zum Beispiel die der Methoden der Leitungsorganisation der Produktion in einem Betrieb, in Produktionsvereinigungen oder in Produktionskomplexen, hat eine lange Entwicklungsgeschichte. Man braucht sich nur daran zu erinnern, daß schon in den zwanziger Jahren im Gosplan der UdSSR Bilanzen der Volkswirtschaft ausgearbeitet wurden, die die Form eines großen Verflechtungsmodells hatten.

Am Ende der dreißiger Jahre wurden von L. W. Kantorovič die Grundlagen für die Methode der linearen Optimierung formuliert, die eine breite und weitverzeigte Wissenschaft der

ökonomisch-mathematischen Forschungen begründete. Die Fragen der Entwicklung einer wissenschaftlichen Methodologie für die Vervollkommnung der Formen und Methoden der Leitung der Volkswirtschaft traten jedoch erst in der Periode der schnellen Entwicklung der sowjetischen Ökonomie nach dem Kriege mehr in den Vordergrund. Die Grundlage für eine moderne Entwicklungsrichtung von ökonomisch-mathematischen und ökonomisch-kybernetischen Modellen und Methoden schuf Ende der fünfziger Jahre das Akademiemitglied V. S. Nemčinov durch seine wissenschaftlich-theoretischen Arbeiten. Die Entwicklung neuer Disziplinen in der sowjetischen ökonomischen Wissenschaft wird durch die Einheit der Ziele, durch die Universalität und die enge Verbindung von Methoden für die Lösung ökonomischer Leitungsprobleme und die Schaffung ökonomischer Systeme sowie durch ein allgemein hohes Tempo gekennzeichnet. Dabei nutzt man die besten methodologischen Ergebnisse der oben aufgezählten modernen Wissenschaftsdisziplinen, die sich im Ausland entwickelt haben. Jedoch bauen wir auf den Prinzipien der marxistisch-leninistischen ökonomischen Wissenschaft auf und schöpfen aus den großen Erfahrungen der Planwirtschaft, die in der UdSSR gesammelt wurden, sowie aus den neuesten Erkenntnissen bei der Entwicklung automatischer Systeme für die optimale Planung und Leitung.
Als allgemein anerkannte wissenschaftliche Disziplinen, die den Komplex neuer wissenschaftlicher Methoden und Mittel für die Organisation einer optimalen Leitung der Volkswirtschaft in all ihren Gliedern charakterisieren, treten uns die ökonomisch-mathematischen Modelle und die ökonomische Kybernetik entgegen.
Ökonomisch-mathematische Modelle sind eine synthetische Wissenschaftsdisziplin. Sie ist ein untrennbarer Bestandteil der sowjetischen ökonomischen Wissenschaft, die die ökonomischen Konzeptionen der optimalen Planung und Leitung der sozialistischen Wirtschaft ebenso wie mathematische Modelle für die Beschreibung und Analyse ökonomischer Prozesse und mathematische Methoden für die Lösung von Problemen der optimalen Planung und Leitung einschließt. Für einen bestimmten Teil der ökonomisch-mathematischen Modelle, die nicht nur die Analyse der volkswirtschaftlichen Prozesse,

sondern vielmehr die Lösung von Aufgaben der optimalen Leitung und Organisation betreffen, wird auch die Bezeichnung *Operationsforschung* verwendet.

Gegenstand der *ökonomischen Kybernetik* ist ein breiter Komplex von Methoden zur Untersuchung, Analyse, Synthese und Projektierung von Leitungssystemen in der Ökonomie, der ihre optimale Funktion gewährleistet. Mit einigen Grundbegriffen, Methoden und Verfahren, die von der ökonomischen Kybernetik für die Analyse, Projektierung und Schaffung von ökonomischen Leitungssystemen verwendet werden, machen wir uns in den weiteren Darlegungen bekannt.

Wir müssen feststellen, daß es nicht zweckmäßig und sogar unmöglich ist, eine genaue Abgrenzung zwischen ökonomisch-mathematischen Modellen und der ökonomischen Kybernetik zu treffen, da sich diese Disziplinen gegenseitig ergänzen.

Die schnelle Entwicklung von ökonomisch-mathematischen Modellen und der ökonomischen Kybernetik in der UdSSR widerspiegelt die Vervollkommnung von Methoden und Formen der Leitung, der alle Glieder der Leitung der Volkswirtschaft der UdSSR und alle Zweige der Ökonomie unterworfen sind. Es ist nicht möglich, alle Hauptrichtungen der Arbeiten, die auf diesem Gebiet auf allen Ebenen unseres großen Landes vorgenommen werden, aufzuzählen oder gar zu klassifizieren. Wir brauchen nur einige Arbeiten zu nennen, die zur Schaffung komplizierter und vollkommener Formen der Wirtschaftsleitungen, zu den *automatisierten Leitungs- und Informationsverarbeitungssystemen*, beigetragen haben. Diese Systeme werden vom Gosplan der UdSSR und von den Plankommissionen der Unionsrepubliken, dem Zentralamt für Statistik der UdSSR, den verschiedensten Ministerien, Verwaltungen und einer ganzen Reihe anderer hoher ökonomischer Planungs- und Leitungsorgane der Volkswirtschaft angewandt. Die Entwicklung einzelner Teilsysteme der Leitung, die Einführung ökonomisch-mathematischer Modelle und Methoden, die Schaffung elektronischer Datenverarbeitungssysteme, die Einführung einzelner Methoden zur wissenschaftlichen Organisation der Leitungstätigkeit und die Vervollkommnung der Organisationsformen der Leitung erfolgen auf allen Ebenen der Volkswirtschaft der UdSSR. In diese Arbeit werden jährlich neue Zweige der Volkswirtschaft und neue Betriebe einbezogen. Die Erfahrungen, die bei der Weiterentwicklung der Leitungssysteme in den verschiedenen Gliedern der Volkswirtschaft und besonders bei der Ausarbeitung des automatisierten Leitungssystems gesammelt werden, ermöglichen es schon jetzt, einige vorläufige Schlußfolgerungen über die Methodologie, die Reihenfolge und die Organisation solcher Arbeiten zu ziehen und in diesen oder jenen konkreten Fällen einzelne Methoden, Arbeitsverfahren und Mittel zur Vervollkommnung der bestehenden Leitungsorganisationen und zur Projektierung automatischer Systeme zu klassifizieren, auszuwählen und zu empfehlen.

2. Grundbegriffe der Systemmethode

Die marxistische Methode der Wissenschaft erfordert die objektive Betrachtung von Erscheinungen der realen Wirklichkeit, eine strenge wissenschaftliche Analyse und konstruktive Schlußfolgerungen. „Auf dem Gebiet der gesellschaftlichen Erscheinungen" – schrieb V. I. Lenin – „gibt es ein außerordentlich verbreitetes und ebenso fehlerhaftes Verfahren, nämlich das Herausgreifen *einzelner* Tatsachen ... Tatsachen sind, nimmt man sie in ihrer *Gesamtheit*, in ihrem *Zusammenhang*, nicht nur „hartnäckige", sondern auch unbedingt beweiskräftige Dinge ...
(Es) kommt darauf an, nicht einzelne Tatsachen herauszugreifen, sondern den *Gesamtkomplex* der auf die betreffende Frage bezüglichen Tatsachen zu betrachten, *ohne eine einzige* Ausnahme ..."[2]
Die Betrachtung der Gesamtheit der Fakten, die sich auf die außerordentlich komplizierten Erscheinungen der Wirklichkeit beziehen, macht die weitere Vervollkommnung der Methodologie der sowjetischen ökonomischen Wissenschaft erforderlich.
Einer der wichtigsten Begriffe von allgemein-wissenschaftlicher Bedeutung ist der Begriff des „Systems".
In der Ökonomie wird dieser Begriff – ebenso wie in anderen Bereichen – dafür verwendet, um, erstens, das Problem und das Ziel richtig zu formulieren; zweitens, die richtige objektive

[2] Lenin, V. I., Werke, Bd. 23, Berlin 1957, S. 285f.

Methode für die Untersuchung komplizierter ökonomischer Prozesse zu wählen; drittens, Mittel und Methoden auszuwählen, die die Projektierung eines ökonomischen Systems gewährleisten; viertens, dieses System aufzubauen und in Betrieb zu nehmen.

Die Termini „ökonomisches System“ oder „ökonomische Operation“ werden für die Bezeichnung vieler unterschiedlicher und inhomogener Gegenstände und Erscheinungen verwendet. Unter „ökonomischen Systemen“ versteht man Objekte unterschiedlicher Natur: die Volkswirtschaft eines Landes insgesamt, ihre ökonomische Struktur und Organisation, den Komplex von Leitungsorganen (Ministerien, Dienststellen, Planungsorgane und statistische Organe) sowie einige ökonomische Gesetzmäßigkeiten bzw. Beziehungen (System der Preisbildung, System der wirtschaftlichen Rechnungsführung). Ferner bezeichnet man auch Industriebetriebe, Bauunternehmen usw. als ökonomische Systeme.

Als ebenso vielgestaltig erweist sich der Begriff „ökonomische Operation“. Dieser umfaßt die technologische Operation der Bearbeitung eines bestimmten Werkstoffes, die Lagerung bzw. den Transport von Waren, Planberechnungen, die Ausfertigung eines Finanz- bzw. Rechnungsbeleges.

Wenn wir zum Beispiel einen Industriebetrieb in Augenschein nehmen, treffen wir auf eine Vielfalt von Prozessen und Erscheinungen, die sich auf die unterschiedlichsten Bereiche menschlichen Wissens und die verschiedensten Zweige der Wissenschaft beziehen: Technologische Prozesse, Materialbewegungen in der Produktion, Finanz- und Geldbewegungen, Planberechnungen und operative Berechnungen in den Abteilungen der Werkleitung und Ausfertigung von Belegen; Beziehungen zwischen den Menschen (ökonomische, gesellschaftliche persönliche); kollektive und individuelle psychologische Faktoren (Bedürfnisse, Neigungen, Können und Gewohnheiten). Um jede dieser Erscheinungen von der gleichen Position betrachten und werten zu können bzw. um alle Erscheinungen in ihrem Zusammenhang zu sehen, muß man eine Ebene der Abstraktion finden, die sich auf alle Erscheinungen in gleichem Maße bezieht. Ein solcher abstrakter Begriff ist eben der Begriff System, und die Regeln, die für die Untersuchung all dieser vielfältigen Erscheinungen aufgestellt werden müssen

und die für alle diese Erscheinungen gemeinsam zu sein scheinen, werden als Systemmethode bezeichnet.
Jede Umbildung des Systems, jede Veränderung im System nennt man – unabhängig von ihrer konkreten Erscheinungsform – eine Operation. Eine einheitliche Definition für den Begriff „System" zu geben ist schwierig. Dieser Begriff ist äußerst vielgestaltig und findet für verschiedene Ziele und unterschiedliche Typen ökonomischer Prozesse und Erscheinungen Verwendung.
Man kann drei Auffassungen herausgreifen, die dem Terminus „System" zugrunde gelegt werden. Diese Auffassungen schließen einander nicht aus, sondern ergänzen sich gegenseitig und sind mit drei aufeinanderfolgenden Stadien der wissenschaftlichen Untersuchung und Konstruktion in der Ökonomie verbunden.
1. Systeme werden als wissenschaftliches Untersuchungsinstrument, als Methode für die Betrachtung untereinander verbundener ökonomischer Erscheinungen und Prozesse aufgefaßt. Eine solche Auffassung des Systems knüpft unmittelbar an die Problematik der Erkenntnistheorie an, insbesondere in bezug auf allgemeinökonomische Erscheinungen. Unter diesem Aspekt ist die Systemmethode eine allgemeine Methodologie für die Zielsetzung und Durchführung ökonomischer Untersuchungen. Sie ermöglicht es, die allgemeinsten Gesetzmäßigkeiten für beliebige ökonomische Systeme aufzustellen und Klassifizierungs- und Untersuchungsmethoden zu finden.
2. Ein System wird ferner als objektiv existierender (bzw. zu planender) Komplex untereinander verbundener ökonomischer Prozesse und Erscheinungen, die erkannt und untersucht werden müssen, dargestellt. Als Systeme werden volkswirtschaftliche Objekte und Prozesse sowie Mechanismen für die ökonomische Regulierung angesehen. Unter diesem Aspekt ist die Systemmethode eine konkrete Methodologie für die Untersuchung spezifischer ökonomischer Erscheinungen. Sie findet ihren Ausdruck in einer konkreten Methodologie der Systemanalyse, die den verschiedenen Typen von ökonomischen Systemen angepaßt ist.
3. Ein System wird als ein Komplex miteinander verbundener Methoden und Mittel betrachtet, die zur Erreichung bestimm-

ter Ziele auf dem Gebiet der gesellschaftlichen Produktion, der Distribution und Konsumtion bzw. der ökonomischen Leitung projektiert, ausgearbeitet oder schon eingeführt wurden. Die Systemmethode in diesem Sinne ist eine Methodologie für die Projektierung und Einführung von Produktionssystemen und anderer ökonomischer Systeme.

Die Ökonomie stellt eine kontinuierliche und dialektische Einheit dar. In der Volkswirtschaft kann man nicht genau nach Produktionserscheinungen, technologischen Erscheinungen, ökonomischen, verwaltungsmäßigen und anderen Erscheinungen eine Trennung vornehmen. Man muß erkennen, daß jede volkswirtschaftliche Erscheinung viele Seiten hat, daß dadurch unterschiedliche Methoden des Herangehens erforderlich werden, daß jede Erscheinung von anderen Erscheinungen abhängig ist, daß eine Kette kausaler Zusammenhänge besteht.

Der Begriff „System" ist ein Mittel im Kampf mit dem Komplizierten, eine Methode, das Einfache im Komplizierten zu finden. Der Wissenschaftler schafft sich ein System (Modell) des zu untersuchenden Objektes, unabhängig davon, um welches Objekt es sich handelt (materiell oder begrifflich), um die ihm gestellte Aufgabe besser lösen zu können.

Somit kann man die Schlußfolgerung ziehen, daß in jedem Falle die Existenzbedingung für ein System die Einheit der drei Kategorien: Wissenschaftler (Forscher), Objekt und Aufgabe ist. Unserer Meinung nach ist es äußerst wichtig zu unterstreichen, daß man das System (Modell) nicht mit dem Objekt verwechseln darf, für das es geschaffen wird.

Die Begriffe „System" und „Objekt" unterscheiden sich dadurch, daß verschiedene Objekte das gleiche System haben können, daß aber ein Objekt viele verschiedene Systeme haben kann.

Systeme und Objekte sind in Abbildung 1 dargestellt. Im linken Teil der Zeichnung befinden sich unterschiedliche Objekte, die vom Standpunkt des jeweiligen Beobachters aus völlig übereinstimmen. Das ermöglicht es, im Rahmen der gleichen Aufgabe für sie identische Systeme aufzustellen. Ein Beispiel dafür kann das System der wirtschaftlichen Rechnungsführung oder der materiellen Stimulierung in gleichartigen Betrieben eines Industriezweiges sein. In diesem Fall werden die Personen und Kollektive als ein und derselbe Beobachter aufgefaßt, da sie analoge Positionen einnehmen und das gleiche System aufbauen.

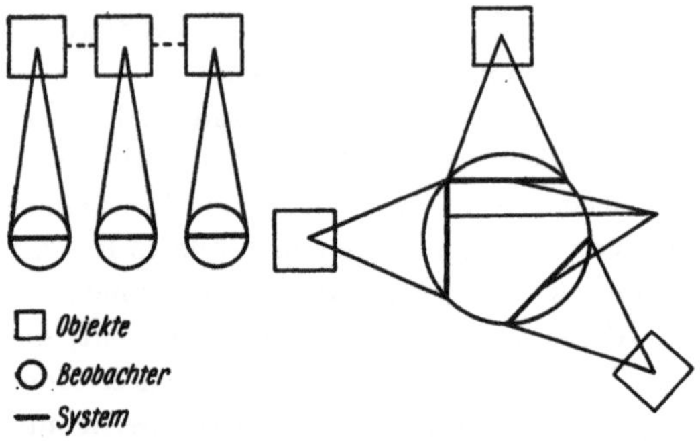

Abb. 1 Systeme und Objekte

Im rechten Teil der Zeichnung wird der Fall gezeigt, daß ein- und dasselbe Objekt eine Vielzahl unterschiedlicher Systeme haben kann. Wenn wir einen Produktionsbetrieb als eine Menge von Maschinen und Ausrüstungen betrachten, mit deren Hilfe technologische Prozesse durchgeführt und Werkstoffe, Zwischenprodukte und Erzeugnisse bearbeitet werden, so wird der Betrieb als technologisches System angesehen. Man kann den Betrieb auch von einer anderen Warte aus betrachten: welche Menschen dort arbeiten, welche Beziehungen sie zur Produktion und zueinander haben, welches Unterstellungsverhältnis herrscht, wieviel gegenseitige Hilfe und Kameradschaft es gibt usw. Dann wird der gleiche Betrieb als soziales System dargestellt. Aber auch noch von einem anderen Gesichtspunkt aus kann man den Betrieb betrachten: Man kann die Beziehungen der Beschäftigten des Betriebes zu den Produktionsmitteln, ihre Beziehung untereinander im Arbeitsprozeß und bei der Verteilung der Ergebnisse ihrer Arbeit, die Beziehungen des gesamten Betriebskollektivs zum Staat, zu anderen Betrieben usw. klären. Hier erscheint der Betrieb als ökonomisches System.

Es sind somit drei Seiten einer wissenschaftlichen Auffassung des Systems zu unterstreichen:

1. *Die Relativität von Systemen.* Die Eigenschaften des Objekts, die in seinem System widergespiegelt werden, erscheinen nur

unter dem Gesichtspunkt des jeweiligen Beobachters. Die unendlich komplizierten Eigenschaften von sozialökonomischen Erscheinungen werden vom Beobachter von seinem wissenschaftlichen, seinem parteilichen, seinem Klassenstandpunkt aus widergespiegelt: Die Eigenschaften des Objekts werden vom Beobachter unter dem Aspekt der Aufgabe erfaßt, die er untersuchen und lösen muß. Wenn man zum Beispiel die Preisbildung in der sozialistischen Gesellschaft vom Standpunkt der Produktionsverhältnisse betrachtet, so stellt man in erster Linie fest, daß im Maßstab der Gesellschaft die Summe der Preise gleich der Summe des Wertes ist. Wenn man jedoch die Preisbildung unter dem Aspekt des Rechenprozesses und im Zusammenhang mit den Proportionen der Produktion materieller Güter betrachtet, so stellt man fest, daß man die Preise für die Erzeugnisse als duale Bewertungen auffassen kann, die einem bestimmten Produktionsplan entsprechen. Wenn man jedoch die Preise als Leitungsmechanismus der Volkswirtschaft betrachtet, so werden sie zu einem bestimmten Regulator, der die Produktion bestimmter Erzeugnisse in bestimmten Proportionen anregt.

2. *Die praktische Zielgerichtetheit der Systemmethode.* Jede beliebige Eigenschaft eines Objekts, die sich im System widerspiegelt, wird nur unter dem Gesichtspunkt der jeweiligen praktischen Aufgabe als wichtig oder unwichtig bewertet. Es kann kein ökonomisches System ohne klar formulierte Aufgabe geben. Der gesamte Prozeß der Aufstellung eines Systems ist dem Ziel, eine bestimmte Aufgabe bzw. eine Klasse von Aufgaben zu lösen, untergeordnet. Dadurch werden die Struktur, die Kompliziertheit, die Größe und andere Merkmale dieses Systems bestimmt. Das Kriterium der Praxis, das der Systemmethode zugrunde liegt, bestimmt ihren konstruktiven Charakter. Die Aufgabe besteht nicht nur darin, das Objekt „zu verstehen", sondern es auch in jedem konkreten Fall „zu bauen". Der Erkenntnisprozeß ist dem Konstruktionsprozeß, die Analyse der Synthese untergeordnet.

3. *Die Objektivität der Beobachtung.* Wenn ein Forscher irgendein Objekt als System definiert, hat er kein Recht, ihm von vornherein irgendwelche Eigenschaften zuzuschreiben oder über sein „Wesen" und andere geheimnisvolle Dinge zu urteilen, sondern er muß über dieses Objekt zuverlässige Infor-

mationen einholen. Der einzige Weg, genaue Informationen über ein System zu erhalten, ist die objektive Beobachtung seines Verhaltens. Wenn er die Operationen erforscht, die vom System ausgeführt werden, erhält er Kenntnisse über die Variablen, die es charakterisieren.

Wenn also jedes System individuell und konkret ist, wenn es jeweils von der gestellten Aufgabe, vom Wissenschaftler und vom Untersuchungsobjekt abhängt, worin liegt dann das Gemeinsame aller Systeme, und woraus ergibt sich diese Gemeinsamkeit?

Die Gemeinsamkeit von Systemen besteht in der Gemeinsamkeit von Regeln wissenschaftlichen Denkens, von Verfahren und Methoden zur Untersuchung komplizierter Objekte und Erscheinungen, die von der modernen Wissenschaft entwickelt wurden.

Gerade die Gesamtheit dieser Regeln macht die Systemmethode aus und dient dem Ökonomen als Anleitung für die Untersuchung der komplizierten und vielfältigen volkswirtschaftlichen Erscheinungen.

Ein System wird als etwas Ganzes und Einheitliches betrachtet. Es wird künstlich aus der Umwelt ausgegliedert. Wenn wir zum Beispiel einen Zweig als System betrachten, so nehmen wir an, daß er eine ganze Produktionseinheit der Gesellschaft ist, wir nehmen ein bestimmtes Merkmal bzw. eine ganze Gruppe von Merkmalen heraus, die ihn zu einem Ganzen machen. Die Systemmethode macht eine genaue Formulierung des Kriteriums zur Ausgliederung von Objekten, die in ein System aufgenommen werden, erforderlich. Wenn man die Ergebnisse der Untersuchung eines Systems für ein neu zu konstruierendes Objekt interpretiert, muß man unbedingt bedenken, daß das System eine Menge realer Beziehungen zur Umwelt hat, die beachtet werden müssen.

Als wir zum Beispiel einen Zweig als System definierten, haben wir gewissermaßen künstlich seine Beziehungen zu anderen Zweigen, Betrieben und Organisationen abgetrennt, um ihn besser untersuchen zu können.

Ein System ist teilbar, das heißt, es kann in homogene oder inhomogene Teilsysteme untergliedert werden. So kann zum Beispiel das System eines Zweiges in zwei Teile untergliedert werden: den leitenden Teil – die Gesamtheit aller Verwaltungseinrichtungen des Zweiges – und den zu leitenden Teil – die Produktionsbetriebe. Nach anderen Merkmalen kann der Zweig (nach einem genau definierten Kriterium) in Industriebereiche, in Gruppen einzelner Betriebe bzw. in einzelne Betriebe untergliedert werden. Sie alle werden als Teilsystem des jeweiligen Systems betrachtet.

Jedes System insgesamt – wie auch jeder beliebige Teil eines Systems – hat unterscheidbare Zustände in Raum und Zeit, die durch bestimmte Variable (Zahlen, Äußerungen, logische Symbole) ausgedrückt werden können.

Die Systemmethode erfordert unbedingt die Aufstellung einer Meßskala für das System insgesamt und für alle seine Teilsysteme.

Ein System ist vielfältig, das heißt, das Verhalten bzw. der Zustand eines beliebigen Bestandteils des Systems unterscheidet sich vom Verhalten und vom Zustand des Systems insgesamt, und die Gesamtheit der Eigenschaften seiner Bestandteile ist keine Gesamteigenschaft des Systems, sondern ergibt eine neue Eigenschaft. Wenn zum Beispiel im System der Bevölkerung das elementare Teilsystem – die Familie – 3,2 Kinder hat, so bedeutet das nicht, daß auch nur eine Familie existiert, in der es eine gebrochene Zahl Kinder gibt. Das bedeutet, daß für das System insgesamt und für jedes einzelne Teilsystem bzw. eine Gruppe von Systemen unterschiedliche Meßskalen aufgestellt werden.

Die Schwierigkeit bei der Untersuchung realer ökonomischer Objekte und Tatbestände wird gerade dadurch hervorgerufen, daß diese eine unendliche und unendlich vielfältige Menge von Komponenten enthalten.

Ein System, das für die Lösung einer konkreten ökonomischen Aufgabe aufgestellt und genau definiert wird, enthält nur eine streng begrenzte, endliche Zahl von Komponenten, die sich formalisieren lassen und mathematisch bearbeitet werden können. Das System wird in eine endliche Zahl von Teilen unterteilt, die als Elemente bezeichnet werden. Die Grenze der Unterteilung wird durch die Aufgabenstellung festgelegt, die der Beobachter lösen muß, sowie durch den Genauigkeitsgrad, der für die Lösung der Aufgabe erforderlich ist. Es muß unterstrichen werden, daß ein Element in einem System kein elementarer Gegenstand ist, sondern eine Beziehung. Es wird durch eine Zahl oder eine Aussage charakterisiert, die die Beziehung von zwei Objekten bzw. die Beziehung von Beziehungen widergibt. Die Elemente werden qualitativ durch ihre Beziehung zueinander charakterisiert. So sind zum Beispiel in einem Produktionssystem nicht der Arbeiter Ivanov bzw. die Werkbank Elemente, sondern der „Arbeiter, der an der und der Werkbank arbeitet“, bzw. „die Werkbank, die von einem Arbeiter bedient wird“. Jedes Element wird durch eine Variable oder einige Variablen ausgedrückt: durch einen Skalar, einen Vektor, eine Matrix, eine mathematische bzw. logische Funktion oder eine Wahrscheinlichkeitsverteilung.

Alle Variablen, die bei der Lösung der jeweiligen Aufgabe als Unveränderliche angenommen werden, werden als Parameter des Systems bezeichnet.

Ein System kann stufenweise bestimmt werden, indem man alle Beziehungen von Variablen nacheinander untersucht. Das erweist sich jedoch fast immer praktisch als unmöglich, wenn die Zahl der Elemente im System zu groß ist (aber gerade zur Untersuchung von komplizierten Fällen sind ja Systeme bestimmt). Zur Überwindung dieser Schwierigkeiten wird der Begriff Struktur eingeführt, das heißt eine teilweise Ordnung der Elemente und ihrer Beziehungen untereinander, die Aufstellung einer Hierarchie von Beziehungen im System.

Die Struktur eines Systems aufzustellen bedeutet, die Beziehungen der Beziehungen zu bestimmen, ohne daß man dabei die Bedeutung jeder einzelnen Variablen definiert.

Wir führen ein einfaches Beispiel an: Wenn eine militärische Einheit als System betrachtet wird, so werden vom Standpunkt der Lösung einer bestimmten Kampfaufgabe als Elemente dieses Systems nicht die Soldaten Ivanov, Petrov usw., nicht die Gewehre, Waffen, die Feldküche und die Betten im Lazarett angesehen, sondern einige Gesamtheiten, die Spezialbezeichnungen erhalten haben. In der Kavallerie wird die Gefechtsbereitschaft nach der Anzahl der „Säbel“ und in der Infanterie nach der Zahl der „Bajonette“ berechnet. Unter „Säbel“ wird dabei ein ausgebildeter Reiter verstanden, der ein Pferd hat, der vollkommen ausgerüstet ist (wobei er nicht unbedingt einen Säbel zu haben braucht!) und auf den außerdem vielleicht 0,1 Pferdezüchter, 0,2 Kommandeure, 0,01 Feldküche usw. kommen.

Wenn wir zur Struktur des betrachteten Militärsystems übergehen, abstrahieren wir von einigen konkreten Merkmalen – der Zahl der „Bajonette“, der „Gewehre“ und „Besatzungen“ und ordnen sie zu Gruppen, Zügen und Kompanien. Dann charakterisieren wir mit einer Strukturbezeichnung wie zum Beispiel „Kompanie“, „Regiment“ die annähernde Beziehung aller dieser Elemente.

Somit ist die Struktur das Beständige, das im System auch bei seinen Veränderungen erhalten bleibt.

Wenn der Forscher die Struktur des Systems bestimmt hat, versucht er gewissermaßen, eine Konstruktionszeichnung des von ihm zu untersuchenden Objekts anzufertigen. Dabei können jedoch Schwierigkeiten auftreten. Erstens kann sich die „Zeichnung“ als zu umfangreich erweisen, und zweitens kann ein Objekt eine Menge verschiedener Strukturen gleichzeitig haben (kompliziertes System).

So kann zum Beispiel die Belegschaft ein und desselben Betriebes vollkommen unterschiedlich dargestellt werden, zum Beispiel nach dem Beruf, der Qualifikation, nach den Dienstjahren, der Produktivität, dem Lohn oder der Funktion.

Das prinzipielle Schema großer und komplizierter Systeme (bzw. von Systemen mit einer großen oder komplizierten Struktur) ist in Abbildung 2 dargestellt.

Meist hat die ökonomische Forschung oder Leitung einen solchen Charakter, wenn wir es mit großen komplizierten Systemen zu tun haben. Dafür sieht die Systemmethode spezielle Verfahren vor, mit deren Hilfe man ein großes System, das vom Beobachter schwer zu erfassen ist, in eine Reihe kleiner Systeme aufgliedern und ein kompliziertes System, das für den Beobachter nicht verständlich ist, in eine Reihe einfacher, in Wechselbeziehung stehender Systeme zerlegen kann. Wenn die Aufgabe zur Untersuchung bzw. Projektierung eines ökonomischen Objektes so gestellt ist, daß sich das für ihre Lösung aufgestellte System als zu unübersichtlich für den Beobachter erweist, so wird das System nacheinander in seinen Teilen betrachtet, das heißt, es wird vorher schon in Teilsysteme untergliedert. Somit wird als *großes System* zweckmäßigerweise ein solches System bezeichnet, das nur in seinen Teilsystemen untersucht werden kann.

Wenn man eine beliebige ökonomische Erscheinung unter Beachtung aller möglichen Beziehungen und Abhängigkeiten betrachten will, so muß man erkennen, daß es keine einfachen Erscheinungen gibt. Alle sind kompliziert, schon allein deshalb, weil jede Erscheinung eine unendliche Kette von Ursachen und Wirkungen hat. Man muß den Forschern zustimmen, die sagen, daß nicht komplizierte Erscheinungen aus einfachen entstehen, sondern umgekehrt, daß man nämlich einfache Dinge im Ergebnis der Untersuchung komplizierter Tatbestände feststellen kann. Einige Typen von Aufgaben der ökonomischen Leitung, der Untersuchung ökonomischer Ob-

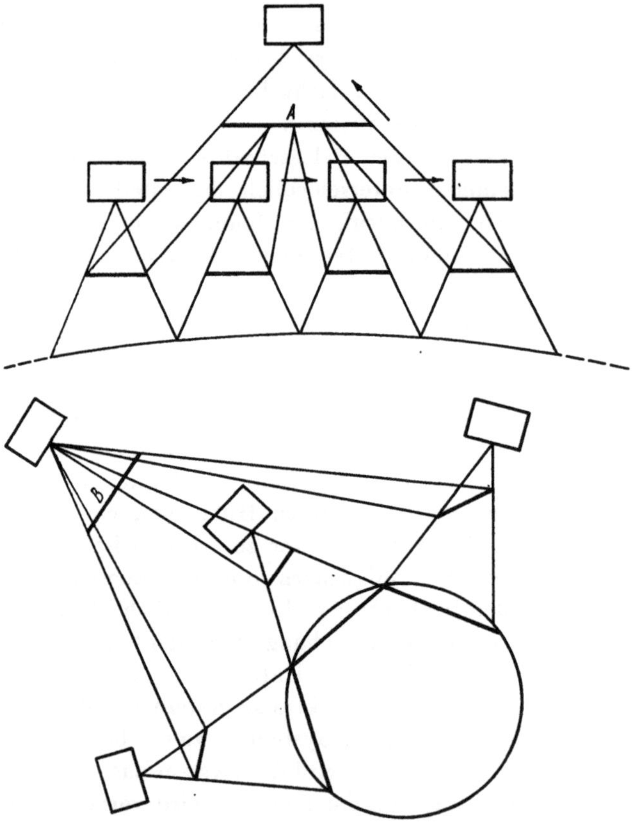

Abb. 2 Die Struktur eines großen (A) und eines komplizierten Systems (B)

jekte und der Projektierung von Systemen kann man nicht lösen, wenn man nicht von Anfang an ihre Kompliziertheit beachtet.

Als kompliziertes System ist zweckmäßigerweise ein solches System zu bezeichnen, das für die Lösung einer Aufgabe mit mehreren Zielen und mehreren Aspekten aufgebaut wird.

Das Objekt wird unter verschiedenen Gesichtspunkten in einigen Modellen widergespiegelt, von denen jedes ein bestimmtes Merkmal hat. In der zweiten Untersuchungsetappe hat das komplizierte System eine Metasprache, die die Begriffe aller vorher aufgebauten Modelle vereinbart und es ermöglicht, ihre gemeinsame Lösung zu finden.

Es ist besonders wichtig, den Faktor der Kompliziertheit bei der Analyse und Projektierung ökonomischer Leitungssysteme unabhängig davon zu betrachten, ob es sich um Mensch-Maschine-Systeme oder um Kollektive von Menschen handelt.

Eine unmittelbare Schlußfolgerung aus komplizierten Systemen für die Analyse und Projektierung von Leitungssystemen ist die Forderung, folgende Faktoren zu berücksichtigen:

1. Die Existenz eines komplizierten Teilzieles bzw. die parallele Existenz verschiedener Ziele bzw. die sequentielle Ablösung solcher Ziele.
2. Die gleichzeitige Existenz vieler Strukturen eines Systems (zum Beispiel technologische, leitungsmäßige, Kommunikations- und funktionelle Struktur usw.).
3. Die Unmöglichkeit der Beschreibung eines Systems in einer einzigen Sprache; die Notwendigkeit, ein Spektrum von Sprachen für die Analyse und Projektierung der einzelnen Teilsysteme zu verwenden, zum Beispiel ein technologisches Schema für die Herstellung der Erzeugnisse; juristische Akten, die die Verteilung von Rechten und Pflichten festlegen; ein Schema des Belegumlaufes; Programme für Dienstleistungseinrichtungen und Abteilungen bei der Ausarbeitung des Planentwurfes.

Bei der mathematischen Modellierung wird das komplizierte System durch einen Komplex inhomogener, jedoch untereinander verbundener und gegenseitig abhängiger Modelle dargestellt.

Diese Prinzipien liegen der Methodologie der Systemanalyse zugrunde. Die Forschung beginnt mit der Teilung des kompli-

zierten Zieles in Teilziele einiger Ebenen, wonach die Untersuchung von Varianten für die Wahl der Mittel zur Erreichung jedes Zieles, die Modellierung und Projektierung der einzelnen Strukturen sowie ihre Synthese folgen.
Jedes System muß unter zwei Aspekten betrachtet werden: Welche Operationen führt es aus, und mit Hilfe welcher Mittel geschieht das? Hieraus ergibt sich eine Reihe wichtiger Schlußfolgerungen für die Systemmethode.
Die Systemuntersuchung enthält zwei Typen von Aufgaben:

1. Die Analyse (nach einem bekannten Schema ist die vom System zu realisierende Funktion zu bestimmen);
2. Die Synthese (nach einer bekannten Funktion ist das beste Schema für ihre Realisierung zu finden).

Jede Systemuntersuchung läßt sich aus zwei gleichwertigen Teilen zusammensetzen:

1. Beschreibung, Modellierung und Erarbeitung der Funktion des Systems;
2. Beschreibung, Modellierung und Entwicklung des Schemas, das diese Funktion realisiert.

Bei der Betrachtung ökonomischer Systeme werden drei verschiedene Methoden angewandt:
1. Das System wird als Komplex untereinander verbundener materieller Objekte betrachtet.
Diese Methode ist hauptsächlich für die Modellierung von Prozessen der materiellen Produktion geeignet.
2. Das System wird als aus zwei Teilen bestehend betrachtet. Es enthält einerseits eine Serie von materiellen Objekten und andererseits die Informationen über ihre Zustände (ein solches Herangehen wird bei der Beschreibung von Leitungsprozessen der materiellen Produktion verwendet).
3. Das System wird unter rein informationstheoretischem Aspekt betrachtet, das heißt als ein Komplex von Beziehungen (Verbindungen, Informationen).
Diese Methode wird bei der Beschreibung der ökonomischen Objekte selbst und der Prozesse der ökonomischen Leitung angewandt.
Jede der drei dargelegten Methoden stellt ein spezifisches wissenschaftliches Instrumentarium für die Lösung von Aufgaben der Analyse und Synthese dar.

Der Grundbegriff jedes Leitungssystems ist die Information. Im allgemeinen sind Informationen neue Kenntnisse über irgendwelche Fakten oder Ereignisse, das heißt Mitteilungen, die unser Wissen erweitern und die die Möglichkeit bieten, Prozesse der Umformung von Materie, Energie und Information selbst zu verbessern und zu verändern.
Eine der Arten von Information ist die ökonomische Information, von der man alles das sagen kann, was wir von der Information im allgemeinen festgestellt haben, wobei jedoch ihre Grenzen durch die ökonomischen Systeme selbst gesetzt sind.
Strukturen, die in einigen Typen von Informationssystemen, insbesondere in Leitungssystemen für die Ökonomie, verwendet werden, lassen sich nicht immer einfach beschreiben. Die größte Aufmerksamkeit in der Informationstheorie sowie in der Theorie der ökonomischen Informationen wurde den Fragen ihrer quantitativen Bewertung gewidmet. Man muß jedoch feststellen, daß – wenn für die Informationstheorie, die auf der Konzeption der Unbestimmtheit basiert, die quantitative Bewertung nicht vom semantischen Gehalt der Nachricht abhängt – für die Bewertung der ökonomischen Information eine Ignorierung der inhaltlichen Seite bedeuten würde, von vornherein auf die objektive Untersuchung und die Möglichkeit, positive Ergebnisse zu erhalten, zu verzichten. Außerdem muß man bei der Bewertung ökonomischer Informationen solche Eigenschaften wie Genauigkeit, Rang, Grad der Brauchbarkeit, Zugänglichkeit, Nützlichkeit und Aktualität beachten.
Die Notwendigkeit, diese Merkmale bei der Bewertung ökonomischer Informationen zu berücksichtigen, ist dadurch bedingt, daß von ihnen in gewissem Grade die Effektivität des Leitungssystems abhängt. Die Möglichkeit der Bewertung ökonomischer Informationen nach den aufgeführten Parametern liegt in bestimmten Formen der Wiedergabe und des Ausdruckes von Informationen begründet. Eine „reine" Form der Wiedergabe von Informationen ist der Informationsträger; „eine reine" Form des Ausdrucks der Information ist die Bedeutung.
Die Zeichen sind gleichzeitig Formen der Darstellung und des Ausdruckes einer Information. Die Analyse der Vielfalt dieser

Formen, ihrer spezifischen Eigenschaften und Beziehungen ermöglicht es, quantitative Bewertungen für die ökonomischen Informationen abzuleiten.
Von der ökonomischen Information muß man die ökonomischen Daten unterscheiden. Daten, die irgendein ökonomisches Ereignis beschreiben, unterscheiden sich von Informationen dadurch, daß sie in Form von Nachrichten vorliegen, die unabhängig davon sind, welchen Sinn ihr Nutzer ihnen beimißt. Das kann der Fall sein, wenn das gleiche Ereignis für unterschiedliche Systeme eine unterschiedliche Bedeutung hat.
Die Tatsache, daß Informationen und Daten gleichzeitig die Form von Nachrichten haben, verleitet einige Autoren dazu, beide Begriffe synonym zu verwenden. Populär kann man die Informationsverarbeitung als „Aneignung" der Nachricht und die Datenverarbeitung als Überführung der Nachricht in die Form, die für die „Aneignung" geeignet ist, bezeichnen. Wenn es nicht zweckmäßig ist, sich die Nachrichten „anzueignen", entfällt die Notwendigkeit für ihre Verarbeitung. Die Verarbeitung von Nachrichten ist jedoch deshalb wichtig, weil bei fehlender „Aneignung" von Nachrichten der Erhalt neuer Kenntnisse gehemmt werden kann.
Die gemeinsame Form von Informationen und Daten ist dadurch bedingt, daß sie als Nachrichten in einer Sprache ausgedrückt werden.
Die Sprache des ökonomischen Leitungssystems umfaßt folgende Elemente:
1. Die Gesamtheit der Nachrichten im System;
2. Die Gesamtheit von Zeichen und Regeln für ihre Nutzung;
3. Das Zeichensystem.
Wenn wir die Sprache eines ökonomischen Systems analysieren, so ist es am besten, wenn wir das zweite oder dritte Element wählen, das dem Sinn nach identisch ist. Das Problem des Zeichen- und Sprachsapektes in den Untersuchungen ökonomischer Leitungssysteme ist noch nicht gelöst. Das hängt damit zusammen, daß die Semiotik und die Linguistik noch nicht den Stand erreicht haben, daß wir sie als angewandte Disziplinen betrachten könnten.

KAPITEL 2

Untersuchungsmethoden für Leitungssysteme

1. Systemanalyse ökonomischer Einheiten

Entsprechend den modernen wissenschaftlichen Vorstellungen sollen ökonomische Leitungssysteme – ausgehend von den objektiven Bedürfnissen jedes Gliedes der gesellschaftlichen Produktion – zielgerichtet und planmäßig aufgestellt werden.

Ein ökonomisches Leitungssystem kann und muß ebenso wie ein neues technisches System projektiert, entwickelt und für den Einsatz vorbereitet werden.

Die Projektierung ökonomischer Leitungssysteme unterscheidet sich wesentlich von der Projektierung technischer Produktionssysteme. Letztere sind gut bekannt. Für sie wurde ein großer wissenschaftlich-theoretischer und praktischer Vorlauf geschaffen, ihre Ziele und die Technologie der Arbeit sind klar. Ökonomische Leitungssysteme jedoch werden praktisch erst untersucht, ihre Leitungstechnologie ist kaum bekannt; es treten Schwierigkeiten bei der konkreten Formulierung der Ziele des Systems und der Kriterien für ihre Verwirklichung auf.

Deshalb wird der Vorbereitungsetappe bei der Schaffung ökonomischer Leitungssysteme, ihrer Untersuchung und Analyse große Bedeutung beigemessen. Diese Etappe steht in bezug auf Kosten und Arbeitsintensität nicht hinter der Etappe der Projektierung und Einführung zurück. In jedem Falle geht die Analyse des Systems seiner Projektierung voran und bestimmt voll und ganz die Richtung der weiteren Arbeit.

Ehe der Arzt einen Kranken heilen kann, muß er eine Diagnose stellen. Ebenso muß man, wenn man die Arbeit eines beliebigen ökonomischen Objektes – eines Betriebes oder eines Leitungsorganes – verbessern will, zu Anfang bestimmen, worin seine Mängel liegen, welche Ziele angestrebt werden. Danach muß man die entsprechenden Mittel wählen.[3]

Die *Systemanalyse eines Objektes* (eines Betriebes bzw. einer Einrichtung) ist ein Komplex von Maßnahmen, der auf die Ermittlung der Mängel und schwachen Seiten der gegenwärtigen Organisation, auf die Formulierung von Zielen und Richtungen ihrer Weiterentwicklung, die Ausarbeitung von Prinzipien eines vervollkommneten Systems, auf die Begründung und Planung der Reihenfolge der Ausarbeitung und die Einführung neuer Methoden und technischer Mittel gerichtet ist. In Abhängigkeit von der Kompliziertheit des Objektes und dem Organisationsgrad der Arbeit ist für die Durchführung dieser Analyse eine Zeit von einem bis zu vier Monaten erforderlich.

Auf der Grundlage ausländischer Erfahrungen bei der Durchführung diagnostischer Untersuchungen kann man annehmen,

[3] Insgesamt kann man die Vervollkommnung eines beliebigen ökonomischen Objektes in sieben Etappen untergliedern:

1. Systemanalyse – Aufdeckung der Mängel, die beseitigt werden müssen, und Formulierung der Ziele für die Vervollkommnung der Arbeiten;
2. Untersuchung, in deren Ergebnis detailliert der Grund für die Mängel geklärt wird;
3. Modellierung – Aufstellung eines Systems (Modells) und seine Darstellung mit Hilfe spezieller Methoden (graphische, mathematische und andere);
4. Analyse des Systems – Erhalt genauer Zahlencharakteristiken der in Wechselwirkung stehenden Elemente des Systems, Aufdeckung von Disproportionen und Unstimmigkeiten, „von Engpässen", „Spitzenbelastungen", veralteten Methoden und Organisationsformen, die nicht den neuen Bedingungen entsprechen;
5. Synthese des Systems – Aufstellung eines hypothetischen Schemas der rationellsten Organisation der Arbeit des ökonomischen Objektes unter Beseitigung aller aufgedeckten Mängel, wobei neue Organisationsmethoden für die Arbeit, ökonomisch-mathematische Methoden und Modelle sowie die elektronische Rechentechnik Anwendung finden;
6. Projektierung des Systems – Wahl von konkreten Formen der Organisation, Methoden der Arbeit, Typen der Belege und Schemata des Belegumlaufes, technischer Mittel und ihrer Arbeitsprogramme, Verbindung aller dieser Komponenten des Systems und Ausfertigung als Projekte;
7. Einführung und Abstimmung des neuprojektierten Systems.

daß der Zeitfonds für die Arbeiten (in Prozent) ungefähr folgendermaßen verteilt ist:

Vorherige Bekanntmachung mit der Dokumentation	5
Gespräche mit der Leitung, Befragung der Belegschaft	20
Analyse der Hauptziele zur Vervollkommnung der Organisation	15
Analyse der Hauptgründe, die die unbefriedigende Arbeit hervorrufen	15
Ausarbeitung von Varianten für die Vervollkommnung der Organisation	15
Formulierung der Berichte und Vorschläge	20
Abstimmung der Ergebnisse der Arbeit der Untersuchungsgruppe mit der Leitung und Vorbereitung von Entscheidungen	10

Zur Information studiert die Untersuchungsgruppe das Statut des jeweiligen Objektes, die Hauptprinzipien, verschiedene administrative Festlegungen, die ihre Aufgaben bestimmen, die Funktionen und die Struktur des Objektes. Es werden die Pläne und Berichte der letzten drei bis vier Jahre sowie die perspektivischen Entwicklungspläne geprüft.

Dabei müssen von Anfang an zwei Seiten des Problems genau abgegrenzt werden: Der Zustand und die Organisation der Produktion und der Zustand und die Organisation der Leitung.

Theoretisch wird im ersten Fall ein materielles Produktionssystem und im zweiten Fall ein kybernetisches Informationssystem aufgestellt. Diese Fragen sind eng miteinander verbunden, die einzuholenden Informationen, die Modellierungsmethoden und die praktischen Entscheidungen werden sich jedoch stark unterscheiden. Ein annäherndes Schema beider Arten von Informationen ist in Tabelle 1 dargestellt.

Die Gespräche und Befragungen beginnen nicht in dem zu untersuchenden Objekt selbst, sondern im übergeordneten Leitungsorgan. Hier wird geklärt, welche Aufgaben dem zu untersuchenden Objekt gestellt werden, seine Entwicklungsperspektiven, worin der ungenügende Zustand der Arbeit seinen Ausdruck findet. Danach werden Gespräche mit dem Leiter des Betriebes und seinen Stellvertretern geführt.

Tabelle 1

Hauptfragen Systeme	Grundtechnologie	Produktionsbedarf	Ausrüstungen	Arbeitskräfte (Versorgung und Qualifikation)
Produktion	Technologie der Produktion	Produktive Fonds	Charakteristik der Produktionskapazitäten	Versorgungsgrad mit Arbeitern und ingenieurtechnischem Personal
Leitung	Aufgaben und Methoden der Leitung	Raum	Mittel zur Informationsverarbeitung	Qualifikation des Leitungspersonals

Der Charakter der Fragen kann ungefähr wie folgt aussehen:

Womit sind Sie in der Arbeit unzufrieden?
Was möchten Sie erreichen?
Was steht dem im Wege und muß beseitigt werden?
Was fehlt dazu und muß geschaffen werden?
Welche Maßnahmen müßten dazu durchgeführt werden?
Könnte das vielleicht durch billigere und effektivere Mittel geschehen?
Was kosten solche Mittel (Zeitaufwand, Arbeitsaufwand, Finanzen)?
Was ist das Ergebnis (Zeitgewinn, Gewinn an Arbeitszeit, Geldeinsparung)?

Probleme, die vom einzelnen Objekt selbst gelöst werden können, müssen von denen getrennt werden, die von Entscheidungen übergeordneter Organe und von Kombinaten abhängen.
Nachdem man eine allgemeine Vorstellung über das Objekt, seine Ziele und Mängel erlangt hat, werden detaillierte Gespräche mit den Leitern der Betriebsabteilungen, den Spezialisten sowie den übrigen Beschäftigten geführt.
Die Niederschrift der Ergebnisse – der Gespräche und des Studiums der Dokumentation – wird in einer Tabelle festgehalten. In Abhängigkeit vom Typ des zu untersuchenden Objektes und von den konkreten Arbeitsmethoden der Unter-

Struktur	Organisation	Proportionalität	soziale Faktoren	Faktoren, die sich aus den Beziehungen zu anderen Organen ergeben
Produktionsstruktur	Zustand der Produktionsorganisation	„Engpässe" der Produktion	materieller und moralischer Anreiz, Beziehungen im Kollektiv	Beziehung zu Zulieferern, Kunden, Transportorganisationen
Leitungsstruktur	Zustand der Leitungsorganisation	Überlastete Bereiche der Leitung	Beziehungen im Kollektiv, Verteilung der Rechte und Pflichten	Wechselbeziehungen zu den übergeordneten Leitungsorganen und Kombinaten

suchungsgruppe können die Form und der Inhalt der Tabellen unterschiedlich sein. Im Prinzip ist es günstig, vier verschiedene Tabellen zu verwenden: Formulierung der Ziele, Maßnahmen zur Erreichung der gestellten Ziele, Hindernisse für die Erreichung der Ziele, vorgeschlagene Maßnahmen zur Vervollkommnung. Im zentralen ökonomisch-mathematischen Institut der Akademie der Wissenschaften der UdSSR (ZEMI) wurden Tabellen für einen Industriebetrieb erarbeitet.[4]

Die Formulierung der Ziele für einen Betrieb ist in Tabelle 2 illustriert. Im Ergebnis der Gespräche mit den Leitern von Betriebsabteilungen und den Spezialisten werden verschiedene Meinungen ermittelt, die sich gegenseitig vollkommen widersprechen können. Diese Widersprüche werden jedoch während der weiteren Analyse leicht beseitigt, wenn konkrete Vorschläge erarbeitet und systematisiert werden.

Wenn die Leiter und Spezialisten das Ziel auch unterschiedlich formulieren, so sind sie im allgemeinen doch ziemlich einer Meinung bei der Bestimmung der konkreten Maßnahmen, die durchgeführt werden sollen (Tab. 3).

[4] Modin, A. A., Die Systemanalyse eines Betriebes bei der Schaffung eines automatisierten Leitungssystems, in: Ekonomika i matematičeskije, Nr. 6, Moskau 1969.

Tabelle 2

Wer formuliert das Ziel?	Formulierung der Ziele	Resümee der vorläufigen Analyse
1. Vertreter des Ministeriums	Erhöhung der Exportproduktion auf ... Tausend Stück	Stimmt mit Pkt. 7 überein und ist Mittel zur Versorgung (Pkt. 2)
2. Direktion des Werkes	Erhöhung der Rentabilität der Produktion auf ... %	Wird als Ziel angenommen
3. Produktionsdirektor	Den Rhythmus der Produktion sichern	1. Veränderungen im Plan möglichst verringern 2. Vorlauf in der Produktion schaffen
4. Ökonomischer Direktor	Die Stabilität der Pläne erhöhen und Veränderungen vermindern	1. Erreichung einer vollen Bilanzierung des Betriebsplanes 2. Sicherung der Stabilität des Planes von seiten des Ministeriums
5. Leiter der Absatzabteilung	Erfüllung der Aufträge zum Termin	Stimmt mit Pkt. 3 und Pkt. 4 überein
6. Leiter der Materialabteilung	Ordnung beim Materialverbrauch in den Abteilungen sichern (MVN)	Organisation der wirtschaftlichen Rechnungsführung in den Abteilungen
7. Analyse der Entwicklung des Zweiges	Der Markt ist mit Erzeugnissen gesättigt. Weitere Perspektive: Erhöhung der Qualität oder Veränderung der Zusammensetzung der Erzeugnisse	Es gibt keine Bedingungen für eine weitere Erweiterung der Produktion. Stimmt mit Pkt. 1 überein

Außerordentlich wichtig ist es, die Faktoren zu ermitteln, die die Durchführung dieser Maßnahmen behindern. Auf den ersten Blick brauchen sie nicht unmittelbar mit den vorgesehenen Maßnahmen verbunden zu sein, jedoch gibt es im wesentlichen in keinem Betrieb unabhängige Fragen, und ihre Wechselbeziehungen müssen von der Untersuchungsgruppe ermittelt werden. Das kann mit Hilfe der Tabelle 4 geschehen.

Die nächste Etappe der Systemanalyse ist die Gruppierung der vorgeschlagenen Maßnahmen nach Produktions- und Leitungsbereichen und die technisch-ökonomische Berechnung ihrer Effektivität. In Tabelle 5 sind Maßnahmen zur Vervollkommnung der Technologie und der Organisation der Produktion aufgeführt.

In den Spalten 2, 3 und 4 müssen die Kennziffern des Kostenaufwandes angegeben werden. Wenn es nicht möglich ist, eine genaue technisch-ökonomische Begründung des Effektes zu geben, kann man auch die Experteneinschätzung verwenden. Bei Maßnahmen zur Vervollkommnung der Leitung ist die Berechnung der Effektivität des Aufwandes und der zu erwartenden Einsparung komplizierter. In diesen Fällen ist es offensichtlich immer günstiger, die Experteneinschätzungen zu verwenden, deren durchschnittliches Ergebnis genauer ist als der berechnete Nutzeffekt. Hier kann die Tabelle 6 (Maßnahmen zur Vervollkommnung der Produktionsprozesse) verwendet werden.

Die gewählten Maßnahmen können sowohl in bezug auf die Effektivität als auch auf die Höhe der Kosten nicht gleichwertig sein. Einige Maßnahmen erfordern komplizierte und langwierige organisatorische Arbeiten, wobei spezielle Institute einbezogen werden müssen. Deshalb ist es zweckmäßig, die Systemanalyse in drei Gruppen von Maßnahmen zu untergliedern:

- Maßnahmen, die unmittelbar realisiert werden können und einen unmittelbaren Nutzen bringen;
- Maßnahmen, die mit der Durchführung begrenzter Forschungen und der Ausarbeitung einiger spezieller Methoden und technischer Mittel verbunden sind;
- Maßnahmen, die die komplexe Untersuchung der Organisation, eine spezielle Projektierung, Ausarbeitung und Einführung erforderlich machen.

Tabelle 3

Gebiete zur Erreichung Ziele	Vorzuschlagende Maßnahmen Durch Vervollkommnung der Produktion	 Durch Vervollkommnung der Leitung	 Durch Verbesserung der Wechselbeziehungen mit anderen Organisationen	 Durch sonstige Maßnahmen
1. Verbesserung des Nutzungsgrades der Ausrüstungen	1. Teilweise Ausrüstungen der Gruppe II realisieren 2. Ausrüstungen der Gruppe III im Bereich V nutzen	1. Die operative Erfassung der Produktion einführen 2. Die Genauigkeit der Produktionsdaten erhöhen 3. Die Losgrößen erhöhen	Werkzeug aus der Produktion nehmen, da ein neues erworben wurde	
2. Verbesserung der Produktionsstruktur		1. Zusammenlegung der Abt. 10 und 15 2. Schließung der Abt. 27		
3. Verbesserung der Arbeitskräftebilanz		1. Erhöhung des Durchschnittslohnes der Arbeiter der Abt. Nr. 12 auf 4,5 und Nr. 17 auf 4%	Das Ministerium ist zu bitten, bei der Ausbildung von Arbeitern mit den Berufen . . . im Best-	zu untersuchen: 1. Gründe für die Fluktuation der Arbeitskräfte

		2. Qualitätssicherung der Werkstücke in den Abt. 5, 7, 9 und 25	Betrieb Unterstützung zu gewähren	2. Gründe für die niedrige Arbeitsdisziplin
4. Verbesserung der Materialnutzung	Einführung des Präzisionsgusses für die Werkstücke Nr. . . .	1. Einführung des Systems der zentralen Versorgung der Arbeitsplätze 2. Unterstellung der Lager der Abteilung Materialversorgung		Untersuchung der Möglichkeit des dezentralisierten Erwerbs einiger Werkstoffe
5. Vervollkommnung der Planungsmethoden		1. Einführung eines Leitungssystems für die Leitung zur Erfüllung von Spezialaufträgen 2. Anwendung von Programmierungsmethoden für die Festlegung des Produktionsprogrammes	Das Ministerium ist zu bitten, eine Gruppe d. Zweiginst. zur Untersuchung des Systems der Steuerung und Annahme von Aufträgen bereitzustellen	Es ist zweckmäßig, die Erfahrungen des Werkes . . . bei der Organis. des Studiums des Apparates zu nutzen
6. Rationalisierung des Belegumlaufes und der Datenverarbeitung		1. Zentralisierung der Normative 2. Komplexe Mechanisierung der Belegbearbeitung	Vereinheitlichung und Vereinfachung der Belege	

Tabelle 4

Ihr Wirkungsgebiet	Hemmende Faktoren			
Faktoren, die die Erreichung des Zieles hemmen	In der Produktion	In der Leitung	In den Außenbeziehungen	Sonstige Gebiete
1. Niedrige Arbeitskultur des Betriebes	1. Fehlen v. Elementen d. Ästhetik 2. Erhöhter Verbrauch v. Werkzeugen u. Hilfsstoffen	1. Fehlen eines Planes u. einer Aufstellung der Arbeiten d. Werkleitung 2. Niedrige Disziplin bei der Schriftführung	Keine Ordnung im Verkehr mit den übergeordneten Organen	Vorherrschen von Stoßarbeit bei Durchführung beliebiger Maßnahmen
2. Gering entwickelter innerbetrieblicher Transport	1. Unnötig langes Liegen d. Werkstücke 2. Belastung d. Transportmittel bis zum Verschleiß	Schlechte Planung der innerbetrieblichen Transporte		
3. Fehlen von Lagerräumen	Unnötige Materialverluste	Schwierigkeiten bei der Organisation einer zuverlässigen Materialerfassung	Ungenauigkeiten in den operativen Angaben über den Zustand der Materialvorräte	

4. Unvergleichbare Unterlagen in Konstruktion, Technologie und Ökonomie	Herstellung neuer Teile ohne Zeichnung	Nicht ausgefeilte Konstruktionen, Fehlen von Teilen der Kostennormative	Ungenauigkeit in den Belegen über die Verbrauchsnormen von Ressourcen	
5. Funktioneller Charakter des Belegumlaufes und der Datenverarbeitung	Außerordentlicher Überfluß an Primärbelegen	1. Unvergleichbarkeit der Daten der verschiedenen Abteilungen 2. Großer Arbeitsaufwand für Routinearbeiten	Unvergleichbarkeit der verschiedenen Formblätter des Betriebsplanes und der Zweigpläne	„Unersetzlichkeit" der einzelnen Beschäftigten wegen des Fehlens genauer Instruktionen für die Ausarbeitung der Formblätter
6. Ungerechtfertigt häufige Modifikation der Konstruktion eines Erzeugnisses	Hohe Verluste, da Vorlauf nach Modifikation unnötig wird	Ungenaue und veraltete Normative		
7. Sonstige Faktoren		Fehlen einer notwendigen Zusammenarbeit und gegenseitigen Hilfe zwischen d. Konstruktionsabt. und d. techn. Abt.		

Tabelle 5

Maßnahmen	Kosten für die Durchführung	Einsparung durch die Einführung	Gesamter Nutzeffekt
1. Aussonderung von überflüssigen Ausrüstungen	Kosten für die Realisierung	1. Erlös aus der Aussonderung 2. Freisetzung von Platz (Räumen)	
2. Nutzung von Werkbänken der III. Gruppe im Bereich V anstelle von Werkbänken der Gruppe IV	Kosten für die Demontage und Montage der Ausrüstungen	Befreiung des Betriebes von einem Teil der Zahlungen für die Fonds	
3. Verstärkung der operativen Erfassung der Produktion	Kosten für zusätzliche Planstellen	Nicht zu bestimmen	
4. Vereinigung der Abt. Nr. 10 und 15	Kosten für die Einführung der Veränderungen sowie der Dokumentation	Einsparung durch die teilweise Freisetzung von Planstellen	
5. Technische Ausbildung der Arbeiter der Abt. Nr. 12	Kosten für die Ausbildung: 1. Bezahlung der Arbeiter während des Studiums 2. Bezahlung der Dozenten	Nicht zu bestimmen. In Zukunft Einsparung durch Senkung des Ausschusses	
6. Einführung des Präzisionsgusses für eine Reihe von Werkteilen	Kosten für den Erwerb und die Montage der Ausrüstungen	Durchschnittliche Einsparung für jede Losgröße — 6%	

Tabelle 6

Maßnahmen	Kosten für die Durchführung	Einsparung durch die Einführung	Gesamter Nutzeffekt
1. Schaffung eines Netzplanes für die Leitung der Produktionsvorbereitung	Planstellen für drei für 6 Monate freizusetzende Ingenieure	Gewährleistung der Vorbereitung der Produktion aller Erzeugnisse von seiten der Konstruktion und der Technologie	
2. Schaffung eines Netzplanes für die Kontrolle des Durchlaufes von Aufträgen	Ausbildung des Personals	Verkürzung der Fristen für die Erfüllung von Aufträgen um 7%	
3. Vereinheitlichung der Belege	Bezahlung der Arbeiten eines spezialisierten Forschungsinstitutes	Verringerung der Arbeitsintensität bei den Arbeiten mit den Belegen um 12% bei einer berechneten Beschäftigtenzahl von 120 Personen	
4. Komplexe Mechanisierung der operativen Erfassung	1. Erwerb und Montage von EDVA 2. Kosten für die Programmierung 3. Kosten für das Personal im Rechenzentrum (15 Personen) 4. Sonstige Betriebskosten	1. Senkung des Arbeitszeitaufwandes für die Bearbeitung der operativen Belege, was der Freisetzung von 10 Beschäftigten gleichkommt 2. Beschleunigung der Vorlage von Daten der operativen Erfassung bei der Leitung	
5. Komplexe Mechanisierung des Rechnungswesens	Die Kosten sind in Pkt. 4 einbezogen. Zusätzliche Kosten für die Ausarbeitung und Abstim-	1. Freisetzung von vier Beschäftigten der Buchhaltung, 2. Möglichkeit der automatisierten	

Tabelle 6 (Fortsetzung)

Maßnahmen	Kosten für die Durchführung	Einsparung durch die Einführung	Gesamter Nutzeffekt
	mung von Programmen	Zusammenstellung der Daten für die statistische Erfassung, was zu einer Einsparung von Arbeitszeit für die Beschäftigten der verschiedenen Abteilungen führt	
6. Einsatz von ökonomisch-mathematischen Modellen in der technischen Planung und den Berechnungen des Betriebsplanes	Die wichtigsten Kosten sind in Pkt. 4 einbezogen. Zusätzliche Kosten: Bezahlung für die Ausarbeitung der Algorithmen und Programme der technisch-ök. Berechnungen an ein spezialisiertes Forschungsinstitut	Erhöhung der Qualität der technisch-ök. Planung. Erreichung der vollen Bilanzierung des Betriebsplanes Eine wertmäßige Einschätzung der Ergebnisse ist nicht möglich.	
7. Einsatz von Modellen der optimalen Programmierung bei der Ausarbeitung von Produktionsabläufen	Die wichtigsten Kosten sind in Pkt. 4 einbezogen. Weitere Kosten: Ausarbeitung und Abstimmung der Programme	Geschätzte Einsparung durch Verbesserung der Seriengrößen – 3%	

In der Regel schließen Maßnahmen, die mit der Vervollkommnung der Technologie und der Organisation des Produktionsprozesses verbunden sind, einfachere und autonome Arbeiten ein, die durch eigene Kräfte durchgeführt werden können. Es gibt auch gut entwickelte effektive Methoden zur Vervollkommnung der Leitungsorganisation, die unmittelbar eingeführt werden können. Diese Methoden werden im nächsten Abschnitt des Buches beschrieben. Für Maßnahmen, die mit der Durchführung begrenzter Untersuchungen, mit Projek-

tierungs-, Konstruktions- und anderen Arbeiten verbunden sind, ist eine detailliertere Begründung notwendig. Für jede Maßnahme ist es zweckmäßig, eine sogenannte strukturelle Aufteilung des Problems durchzuführen. In Abbildung 3 ist die strukturelle Aufgliederung einer Aufgabe zur Ausarbeitung eines Netzplans für ein Leitungssystem dargestellt.
Alle oben aufgeführten Tabellen und andere Formblätter dienen zur Begründung für die Berichte und Empfehlungen der Untersuchungsgruppe und werden als Anlage beigefügt.

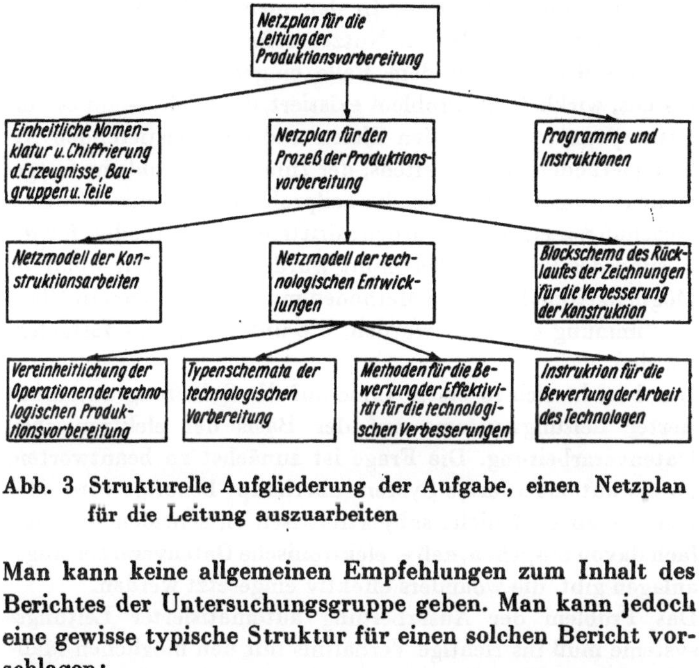

Abb. 3 Strukturelle Aufgliederung der Aufgabe, einen Netzplan für die Leitung auszuarbeiten

Man kann keine allgemeinen Empfehlungen zum Inhalt des Berichtes der Untersuchungsgruppe geben. Man kann jedoch eine gewisse typische Struktur für einen solchen Bericht vorschlagen:

1. Hauptaufgaben, die vom untersuchten Objekt zu lösen sind;
2. Zustand der Produktion und Aufgaben ihrer Entwicklung;
3. Übereinstimmung des Leitungssystems mit den Aufgaben der Produktion;
4. Umfang der Ressourcen, die zur Vervollkommnung der Organisation bereitgestellt werden müssen;
5. Maßnahmen, die zur Vervollkommnung der Technologie und der Organisation der Produktion empfohlen werden, und die Reihenfolge ihrer Durchführung;

6. Maßnahmen zur Vervollkommnung der Leitung, die unmittelbar realisiert werden können;
7. Begründung für die Durchführung selbständiger Untersuchungen auf dem Gebiet der Vervollkommnung der Leitung;
8. Beantwortung der Frage, ob ein automatisiertes Leitungssystem notwendig ist und welcher Typ es sein sollte; Formulierung der allgemeinen Prinzipien für seine Aufstellung und Einführung.

Man darf niemals neue Methoden für die Organisation der Produktion bzw. der Leitung nur deshalb einführen wollen, weil sie bereits existieren. In den meisten Fällen kann das eher von Schaden als von Nutzen sein. Neue Methoden und Mittel sollten nur in dem Falle eingeführt werden, wenn, erstens, wirklich ein Problem existiert, das heißt, wenn es eine Diskrepanz zwischen den Zielen und den existierenden Arbeitsmethoden gibt; zweitens, der Inhalt des Problems festgestellt ist, das heißt, wenn die Teilprobleme und ihre Wechselbeziehungen ermittelt wurden; drittens, die Methoden für die Lösung des Problems bestimmt wurden, das heißt, wenn die Möglichkeiten der neuen Methoden mit den Aufgaben in Übereinstimmung gebracht wurden, die unter zweitens festgelegt wurden.

Das bezieht sich in erster Linie auf die Schaffung automatisierter Leitungssysteme auf der Basis der elektronischen Datenverarbeitung. Die Frage ist zunächst zu beantworten, ob ein automatisiertes System überhaupt benötigt wird oder nicht; man darf nicht subjektivistisch entscheiden und einfach davon ausgehen, daß es elektronische Datenverarbeitungsanlagen gibt, die woanders effektiv eingesetzt werden.

Das Problem der Ausarbeitung automatisierter Leitungssysteme muß ins richtige Verhältnis mit den möglichen Maßnahmen zur Vervollkommnung der jeweiligen Organisation gesetzt werden. Nur in dem Falle, wo bewiesen wird, daß das automatisierte Leitungssystem wirklich notwendig ist, sollte man zur Schaffung dieses komplizierten Systems übergehen.

2. Die Untersuchung von Leitungsprozessen

Obwohl die Untersuchung von Leitungsprozessen ein einheitlicher Prozeß ist, ist es methodisch zweckmäßig, ihn in zwei

Teile zu untergliedern: die Untersuchung der Funktionen der Leitung und die Untersuchung der Informationsflüsse. In der Praxis wurde der Untersuchung von Informationsflüssen die größte Aufmerksamkeit geschenkt. Dieser Teil der Arbeit trägt jedoch untergeordneten Charakter, da die Zusammensetzung der Informationen, ihre Übertragungskanäle, ihre Redundanz und ihre Menge nur vom Standpunkt der Leitungsaufgaben richtig eingeschätzt werden können.

Die Art der Untersuchung, das heißt die Aufgliederung der Objekte und Nachrichtenkanäle hängt vom Endziel ab. Im Ergebnis der Untersuchung selbst können die Ziele präzisiert und verändert werden. Es ist jedoch günstig, die Planung der Untersuchung mit folgenden Stufen der Mechanisierung und Automatisierung der Leitung zu verbinden:

1. Mechanisierung der arbeitsintensivsten Prozesse der Datenverarbeitung;
2. Komplexe Mechanisierung der Datenverarbeitung;
3. Rationalisierung der Leitung unter Anwendung der automatischen Entscheidungsvorbereitung auf der Grundlage ökonomisch-mathematischer Modelle;
4. Schaffung von integrierten Datenverarbeitungssystemen, die automatisch auf die Lösung der folgenden Aufgaben umschalten;
5. Schaffung eines automatisierten Systems, das die Mitwirkung des Menschen an der Datenverarbeitung und der Entscheidungsvorbereitung (so daß der Mensch nur noch Entscheidungen zu treffen braucht) ausschließt;
6. Schaffung eines automatisierten Leitungssystems, das die automatische Bearbeitung von Entscheidungen unter der Kontrolle eines Menschen (Bedieners) vornimmt.

Die Wahl einer konkreten Untersuchungsmethodik hängt davon ab, unter welchen Bedingungen die Unterrichtung durchgeführt wird, inwieweit die Leitungsprozesse selbst stabil und kompliziert sind, welche Verantwortung die Ausführenden für die zu treffenden Entscheidungen tragen und welche soziologischen und psychologischen Bedingungen in dem zu untersuchenden Objekt herrschen.

Industriebetriebe weisen unter diesem Aspekt Stabilität und häufige Wiederholung gleicher Leitungsprozesse sowie arbeitsintensive Prozesse auf dem Gebiet des Belegwesens auf.

Eine Reihe von Industriebetrieben hat durch einen langen Produktionszyklus eine große Nomenklatur der produzierten und verwendeten Erzeugnisse und häufige Veränderungen der Nomenklatur.

Diese Betriebe erfordern entwickeltere Formen der Untersuchung.

Ministerien und nachgeordnete Bereiche (Trusts, Hauptverwaltungen) arbeiten mit anderen Methoden als die Leitungsorgane von Produktionsbetrieben. Für erstere ist charakteristisch, daß sie schon bearbeitete Nachrichten erhalten und daß ihre Entscheidungen mit einer Fülle nicht belegter Nachrichten verbunden sind.

In noch größerem Maße bezieht sich das auf Leitungsorgane der Volkswirtschaft, wie zum Beispiel Planungsorgane, Finanzorgane, Organe der Statistik.

Insgesamt kann man die Schlußfolgerung ziehen, daß es für Industriebetriebe und andere Produktionsorganisationen günstiger ist, eine Methodik anzuwenden, die von der Untersuchung der Belege und des Belegumlaufes ausgeht. Für übergeordnete Leitungsorgane ist es jedoch zweckmäßiger, eine Methodik zu verwenden, die von der Definition der zu entscheidenden Aufgaben aus zur Analyse sowie zur Belegung der Informationen übergeht, die bei diesen Aufgaben verwendet werden.

Die größten Schwierigkeiten sind mit der Bestimmung der Ziele und der zu ihrer Verwirklichung notwendigen Aufgaben verbunden. Bei der Systemanalyse wird das Ziel nur in allgemeinen Zügen festgelegt. Es wird nur die Hauptrichtung der Arbeit abgesteckt. Bei der detaillierten Untersuchung muß die Aufgabe von verschiedenen Seiten bestimmt werden. Es wird geklärt, welche Ziele die jeweilige Organisation verfolgt und durch welche Kriterien sie sich leiten läßt, um diese Ziele zu erreichen. Es wird festgestellt, in welchen konkreten ökonomischen Kennziffern die Ziele ausgedrückt werden können, welche Methoden für die Lösung der Aufgaben verwendet und welche Forderungen zu Erreichung der gestellten Ziele erhoben werden müssen. Es wird gefragt, ob neue wissenschaftliche Methoden für die Lösung der Leitungsaufgaben verwendet werden können.

Es ist notwendig, die konkreten Leitungsaufgaben festzulegen sowie ihre logische und zeitliche Wechselbeziehung zu bestimmen.

Jede einzelne Leitungsaufgabe muß so formuliert werden, daß daraus unmittelbar hervorgeht, welche Informationen für ihre Lösung notwendig sind und wie man diese bekommt.
Dabei werden folgende Fragen präzisiert:

1. Ist das System richtig bestimmt?
2. Ist das gegebene System richtig begrenzt, das heißt, sind alle notwendigen Objekte einbezogen?
3. Ist das Ziel des Systems richtig formuliert, entspricht es den konkreten Aufgaben, die gelöst werden müssen?
4. Sind die Teilsysteme richtig bestimmt, entspricht jedem Teilsystem sein eigener Kreis von Aufgaben, die mit den Aufgaben der übrigen Teilsysteme verbunden sind?

Bei der Untersuchung von Leitungsprozessen in sozialökonomischen Systemen treten im Unterschied zu technischen Systemen eine ganze Reihe spezifischer objektiver Schwierigkeiten in Erscheinung:

1. Die Forscher müssen in kurzer Zeit die gesamte Leitungstechnologie besser kennen als erfahrene Mitglieder des jeweiligen Leitungskollektivs.
2. Jedes Mitglied der Untersuchungsgruppe muß die Ergebnisse der übrigen Mitglieder kennen.
3. Im Untersuchungsprozeß werden soviel Informationen gesammelt, daß der Untersuchungsbericht zu umfangreich wird.
4. An der Untersuchung nehmen Spezialisten der unterschiedlichsten Fachrichtungen teil, wobei sie sich ganz unterschiedliche Aufgaben stellen, was das allgemeine Verständnis des Problems und die Kommunikation unter den Forschern erschwert. Insgesamt sind das typische Schwierigkeiten bei der Untersuchung großer und komplizierter Systeme.

Ein wichtiges Mittel zur Überwindung all dieser Schwierigkeiten ist die Wahl eines rationellen Zeichensystems. Dieses Zeichensystem ist ein Mittel zur einheitlichen strukturellen Aufgliederung des Problems, das ein allgemeines Verständnis sichert. Es ist gleichzeitig ein Mittel zur Sammlung aller Informationen in einer einheitlichen, kompakten Form, die gleichzeitig für alle Beteiligten an der Untersuchung verständlich ist und eine Speicherung in der EDVA sichert.

Bei der Aufstellung eines Zeichensystems[5] für die Darstellung der ökonomischen Leitungsprozesse werden folgende Prinzipien angewandt:

1. Jedes Zeichen ist ein Bild, das beim Menschen eine Assoziation hervorruft.
2. Im Unterschied zu Buchstaben und anderen einfachen Zeichen widerspiegeln diese Zeichen ganze Begriffe und Komplexe von Begriffen, das heißt, sie sind maximal mit Informationen angefüllt.
3. Jedes Zeichen hat nur eine Bedeutung.
4. Die Zeichen bilden bestimmte Klassen und Hierarchien.
5. Die Zeichen werden nach streng definierten Regeln kombiniert.
6. Das Zeichensystem ist ein erschöpfendes System, das heißt, es umfaßt alle zu beschreibenden Erscheinungen und fordert keine weiteren Erläuterungen.

Die Untersuchung eines ökonomischen Objektes wird in folgenden stufenweisen Etappen durchgeführt:

1. Analyse des technischen Produktionsprozesses und dessen Leitung;
2. Analyse des ökonomischen Prozesses, der der produktiven Tätigkeit entspricht;
3. Analyse der Ziele und Kriterien der Leitung des technologischen und des ökonomischen Prozesses;
4. Analyse der Funktionen der Leitung und der Struktur der Aufgaben der Leitung;
5. Analyse der konkreten Leitungsaufgaben und ihrer Wechselbeziehungen.

Ein einheitliches Begriffssystem und eine Symbolik für die Darstellung aller Typen von ökonomischen Systemen wurden bis jetzt noch nicht geschaffen, es sind jedoch Arbeiten in dieser Richtung in der UdSSR und in einer Reihe sozialistischer Länder begonnen worden. Für jedes konkrete ökonomische System kann ein solches Zeichensystem aus einer Reihe von Teilsystemen zusammengestellt werden, wobei jedes dieser

[5] Anmerkung des Herausgebers: In der UdSSR werden wissenschaftliche Arbeiten zur Zeichenerkennung durchgeführt. Diese haben das Ziel, durch Bestimmung gleicher Zeichen in unterschiedlichen Bereichen mit Hilfe mathematischer Methoden zur Klassifikation von Systemen zu kommen.

Teilsysteme für eine bestimmte Klasse von Erscheinungen bestimmt ist und mit einer Etappe der Analyse des Objektes verbunden ist.

Die Darstellung und Analyse der technologischen Prozesse macht folgendes möglich:

1. Die Mängel in der Organisation des technologischen Prozesses aufzudecken.
2. Mit Hilfe ökonomisch-mathematischer Methoden einen optimalen technologischen Prozeß zu konstruieren.
3. Genaue Forderungen aufzustellen, welchen Inhalt die „Befehlsinformation“ haben muß, wann und wem sie bereitgestellt werden muß.
4. Festzustellen, welchen Inhalt die Berichtsinformation über den technologischen Prozeß haben muß, von welchem Arbeitsplatz und in welchem Moment sie eingeholt werden muß.
5. Zu klären, welchen Inhalt und welche Form möglichst einfache und einheitliche Belege der operativen Produktionsplanung und -erfassung haben müssen.

In einem Betrieb bzw. einem Industriezweig kann der technologische Prozeß direkt betrachtet, abgebildet und analysiert werden. Wesentlich schwieriger ist es in Verwaltungen, die nicht unmittelbar mit der Organisation eines technologischen Produktionsprozesses verbunden sind. Um jedoch die Aufgaben zu formulieren, die von dieser Verwaltung gelöst werden müssen, muß etwas Ähnliches wie ein technologischer Prozeß dargestellt werden. Hier werden materielle Prozesse (Herstellung von Waren, ihr Transport und ihre Lagerung) mit reinen Leitungs- und Informationsoperationen gleichgesetzt. Der gesamte Prozeß wird in Stadien eingeteilt, die als *Ereignisbereiche* bezeichnet werden. Jeder Ereignisbereich wird wiederum in sogenannte *Zustände* eingeteilt, in denen sich der jeweilige volkswirtschaftliche Prozeß befinden kann. In jedem Ereignisbereich entspricht einer konkreten Aufgabe jeweils nur ein genau definierter Zustand, wobei es in jedem Ereignisbereich eine unterschiedliche Anzahl von Zuständen geben kann, die dem bestimmten Bereich eigen sind.

Die genaue Klassifizierung der Aufgaben ermöglicht es, sie zu verschlüsseln und den gesamten darauffolgenden Komplex von Berechnungen sowie die Bearbeitung der Daten auf EDVA durchzuführen. Dabei wird jede konkrete Aufgabe durch folgende Merkmale bestimmt:

1. Typ der Aufgaben (zum Beispiel Beladen eines Schiffes, Bezahlung einer Rechnung);
2. Juristische Personen, die die Aufgabe durchführen (zum Beispiel Außenhandelsunternehmen, das Kontor der Staatsbank);
3. Position in der Nomenklatur mit entsprechender Chiffre (zum Beispiel mittlerer Fischfangkutter, Labormikroskop);
4. Menge in bestimmten Naturaleinheiten (zum Beispiel Stück, Tonnen, Tausend Einheitsbüchsen) und Wert in bestimmten Geldeinheiten (zum Beispiel Rubel);
5. Zeitabschnitt (zum Beispiel im III. Quartal) bzw. Kalenderdatum;
6. Standort (zum Beispiel Herstellerwerk, Bestimmungshafen).

Jede Aufgabe eines volkswirtschaftlichen Prozesses (eines Produktionsprozesses, eines Transport-, Lager- und Konsumtionsprozesses) ist von einer ganzen Serie von Leitungsaufgaben begleitet. Jedem Ereignis im Bereich eines volkswirtschaftlichen Prozesses geht eine ganze Reihe zeitlich getrennter Leitungsaufgaben voraus, das heißt von Prozessen der ökonomischen Informationsverarbeitung, mit deren Hilfe dieses Ereignis geplant und vorbereitet wird. Diese vorausgehenden Leitungsaufgaben kann man (bedingt) in drei Gruppen untergliedern:
Prognose und Perspektivplanung, Jahresplanung, Operative Leitung. Nachdem ein bestimmtes Ereignis in einem volkswirtschaftlichen Prozeß abgeschlossen ist, folgt ihm eine ganze Serie von Leitungsaufgaben, das heißt von Verarbeitung der Berichtsinformationen. Diese können ebenfalls in drei große Gruppen eingeteilt werden: Operative Erfassung, Rechnungswesen, Statistische Erfassung und Analyse.
Volkswirtschaftliche Prozesse sind mit vorausgehenden Leitungsaufgaben der Planung und Leitung und nachfolgenden Aufgaben der Datenerfassung und des Rechnungswesens verbunden: Je weiter die Leitungsaufgabe vom realen volkswirtschaftlichen Prozeß entfernt ist, um so gröber sind die Kennziffern, und um so geringer ist der Informationsfluß und umgekehrt. In beiden Sphären (Planung und Abrechnung) ent-

sprechen jedem Ereignisbereich genau bestimmte Belege. So erfordert der Absatz von Waren auf dem Gebiet der Perspektivplanung die Berechnung des Bedarfs an Fonds; bei der Jahresplanung die Zuteilung der Fonds durch die operative Leitung und die Ausführung der Bestellung; bei der operativen Datenerfassung die Erfassung der Frachtbriefe, der Transporte und die Abrechnung mit den Lieferanten.

Somit können nicht nur volkswirtschaftliche, sondern auch Leitungsaufgaben und die ihnen entsprechenden Belege streng systematisiert und klassifiziert werden, für sie wird ein System von Chiffren und Schlüsseln erarbeitet, das der Mechanisierung und Automatisierung der Leitungsaufgaben zugrunde gelegt wird.

Die nächste Hauptaufgabe der Operationsforschung ist die *Formulierung* der Funktionen, Ziele und Kriterien für die Bewertung der Tätigkeit des ökonomischen Objekts.

Das ist eine außerordentlich komplizierte Arbeit, die mit Fingerspitzengefühl durchgeführt werden muß. Man darf nicht erwarten, diese Ziele durch irgendwelche administrative Anweisungen und im Ergebnis von Gesprächen mit dem leitenden Personal festlegen zu können. Das sind nur Informationsquellen. Eine andere Quelle bilden die Untersuchung der logischen Schemata des technologischen bzw. volkswirtschaftlichen Prozesses sowie die Analyse der Tätigkeit des ökonomischen Objekts.

Wir stellen fest, daß jedes System eine Einheit von Funktion und Struktur darstellt. Wenn wir ein konkretes ökonomisches Objekt – einen Betrieb oder ein Leitungsorgan – als System betrachten, müssen wir seine Funktion formulieren. In Termini der Systemtheorie ist eine *Funktion eine Menge von Zuständen der Ausgänge des Systems*. Für ein konkretes Objekt, das als System betrachtet wird, kann die Funktion ein Verzeichnis der gesamten Tätigkeit des Objektes sein. Die Gesamtfunktion des Systems wird in Teilfunktionen untergliedert, denen die einzelnen Teilsysteme entsprechen. Wenn die Gesamtfunktion eines Systems zum Beispiel die Leitung eines Zweiges, die zeitlich eingeteilt ist, darstellt, so kann ein Teilsystem die Perspektivplanung, das andere die Jahresplanung, ein drittes die operative Leitung, das vierte die Erfassung usw. bilden.

Die Funktionen werden auch noch nach anderen Merkmalen

eingeteilt. Für jedes beliebige ökonomische Objekt kann man Funktionen der Produktionsvorbereitung, der materiell-technischen Versorgung, der Versorgung mit Kadern usw. bestimmen. Das ist eine andere Art der Darstellung der gleichen komplexen Gesamtfunktion des Systems, die wir, wenn wir die realen Prozesse der ökonomischen Leitung untersuchen, als kompliziertes System mit mehreren Teilfunktionen betrachten müssen. Diese zusammengesetzte (Gesamt-)Funktion eines Systems wird gewöhnlich in der Form von Listen dargestellt. Den Teilfunktionen des Systems entspricht teilweise die administrative Struktur. Im Ergebnis von Untersuchungen muß man die funktionelle Struktur mit der administrativen Struktur abstimmen, das heißt, daß man ein Verzeichnis der Funktionen jeder administrativen Abteilung aufstellen und ihre Wechselbeziehungen angeben muß.

Das Ziel eines Systems, in der Sprache der allgemeinen Systemtheorie ausgedrückt, ist der gewünschte Zustand seiner Ausgangsinformationen. In ökonomischen Systemen werden die Ziele in einem Komplex miteinander verbundener Kennziffern ausgedrückt. Man muß mit größter Genauigkeit diesen Komplex formulieren und dabei zeigen, wie das Gesamtziel auf die Teilziele der einzelnen Teilsysteme und Abteilungen verteilt ist. Dabei wird eine Methode angewandt, die als Zielbaum bezeichnet wird.

Jedem Ziel entspricht ein bestimmtes Kriterium. In der Sprache der allgemeinen Systemtheorie wird als *Kriterium eine Richtung zur Erreichung von Zielen bezeichnet.* Für ein konkretes ökonomisches Objekt wird mit Hilfe dieses Kriteriums der Erfolg bei der Erreichung des Zieles eingeschätzt. Somit muß für den zu untersuchenden Betrieb bzw. das Leitungsorgan ein Zielbaum zusammen mit den entsprechenden Kriterien aufgestellt werden, die jedem Ziel entsprechen.

Ein Fragment eines Zielbaumes (am Beispiel des Seetransportes) ist auf Abbildung 4 dargestellt.

Das Ziel eines Systems ergibt sich nicht unmittelbar aus seiner Tätigkeit, sondern wird von den volkswirtschaftlichen Aufgaben bestimmt. Die Mittel zur Erreichung des Zieles des Gesamtsystems verwandeln sich auf einer niedereren Ebene in selbständige Ziele der einzelnen Teilsysteme.

Nachdem der Zielbaum und seine Kriterien aufgestellt sind,

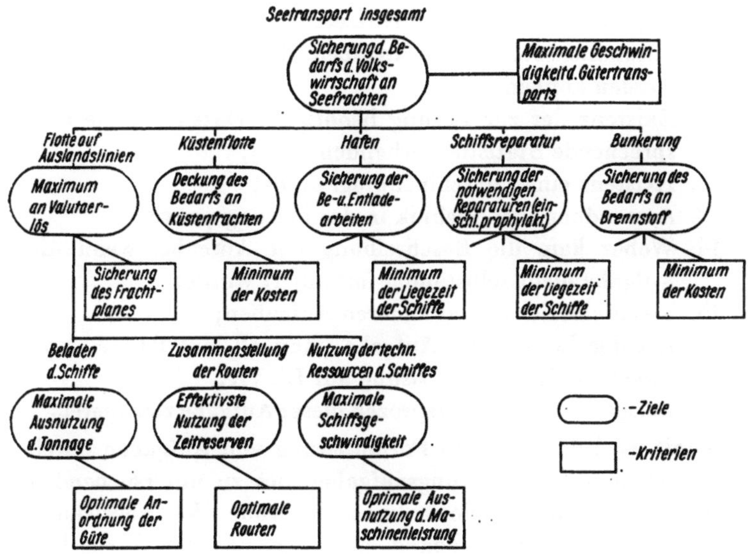

Abb. 4 Zielbaum (am Beispiel des Seetransportes)

wird er genau analysiert und von der Leitung des untersuchten Objekts und Vertretern der einzelnen Abteilungen geprüft. Er wird für die Formulierung konkreter Leitungsaufgaben in jedem Bereich verwendet. Das ist nur möglich, wenn man jede Abteilung untersucht und an Ort und Stelle die in diesen Abteilungen zu lösenden Aufgaben ermittelt. Dafür dient ein Typenfragebogen, der für jede Aufgabe aufgestellt wird. Er enthält folgende Informationen:

1. Bezeichnung der Aufgabe;
2. Chiffres der Aufgabe (Ordnungsnummer in der Aufgabenkartei);
3. Bezeichnung der Leitungsaufgabe, die gelöst wird;
4. Abteilung, in der die Aufgabe gelöst wird;
5. Aufgabenstellung (in Worten);
6. Formalisierte Aufgabenstellung (ökonomisch-mathematisches Modell);
7. Zeit (Kalenderzeit), in der die Aufgabe gelöst wird, und Zeitfolge ihrer Lösung;
8. Ausgangsdaten und wer sie beschafft;

9. Ergebnisdaten und ihre Nutzer;
10. Zusammensetzung der Angaben, die selbständig genutzt werden können;
11. Existenz der zur Lösung benötigten Daten (ist die entsprechende Statistik vorhanden usw.);
12. Existenz eines Maschinenprogramms;
13. Anwendung von Technik in der Leitungspraxis;
14. Woher kam die Beschreibung der Aufgabe, wenn die Aufgabe nicht selbständig formuliert wurde;
15. Wechselbeziehung zu anderen Aufgaben;
16. Art der Lösung der Aufgabe (manuell, auf EDVA) und Zweckmäßigkeit der Lösung auf EDVA;
17. Belege, die im Lösungsprozeß dieser Aufgabe zirkulieren.

Somit wird die konkrete Formulierung von Aufgaben durch Untersuchung der Leitungsaufgaben des zu untersuchenden Objektes erreicht; jedoch kann die volle Wechselwirkung dieser Aufgaben nur anhand eines Schemas der Wechselbeziehungen von Funktionen der Leitung und des logischen Zielbaumes hergestellt werden. Gerade das bestimmt den Arbeitsablauf des ganzen Objektes. Wenn die Aufgaben ausreichend genau formuliert und eingeteilt sind, so kann man anhand der Untersuchung der Abteilungen ihre zeitliche Reihenfolge und Wechselbeziehung leicht feststellen. Das wird möglich, weil die Ergebnisse der einen Abteilung Eingangsinformationen

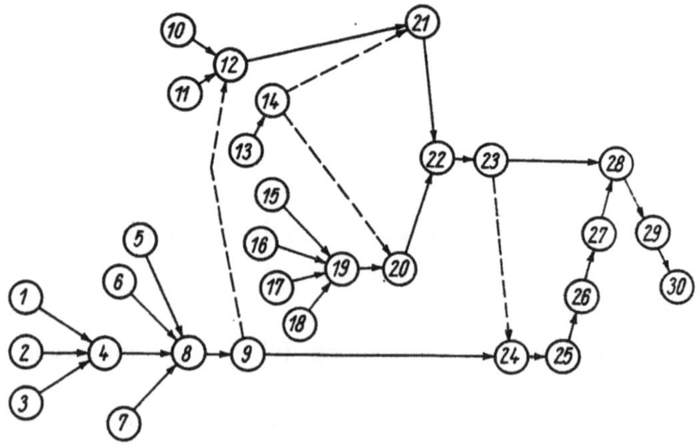

Abb. 5 Wechselbeziehung von Leitungsaufgaben im Netzmodell zur Quartalsplanung in der Seeschiffahrt

für die übrigen sind. Die günstigste Form für die Darstellung einer solchen Wechselbeziehung von Aufgaben ist die Aufstellung eines Netzplanes für die Leitungsaufgaben.
Im ZEMI der Akademie der Wissenschaften der UdSSR wurde ein Netzplan für die Quartalsplanung in der Seeschiffahrt ausgearbeitet (Abb. 5). Die „Arbeiten", die in dem Netzplan als Teile dargestellt sind, entsprechen bestimmten Leitungsaufgaben, die von den Beschäftigten der Seeschiffahrt durchgeführt werden. Diese Aufgaben bilden als Komplex die Leitungsfunktion.
Die punktierten Linien bezeichnen ihre logischen Wechselbeziehungen. Die „Ereignisse", die als Kreise dargestellt sind, drücken bestimmte Belege aus, deren Herstellung die Lösung der jeweiligen Aufgabe bzw. einer Serie von Aufgaben anzeigt. Jede Aufgabe wird hier durch zwei Zahlen charakterisiert: die Nummer des Anfangsereignisses (Beleg der Eingangsinformation) und die Nummer des Endergebnisses (Beleg der Ausgangsinformation). Die Entschlüsselung der Aufgaben des Netzplanes ist in Tabelle 7 dargestellt.

Tabelle 7

lfd. Nr.	Chiffre der Ereignisse (Belege)	Bezeichnung der Arbeiten (Leitungsaufgaben)
1	1– 4	Bestimmung der Zusammensetzung der Flotte
2	2– 4	Planung der Aussonderung von Schiffseinheiten
3	3– 4	Planung der Ergänzung der Flotte
4	4– 8	Aufstellung einer Flottenbilanz (Zusammensetzung der Flotte im Planungszeitraum)
5	5– 8	Planung der Schiffsreparatur
6	6– 8	Bestimmung der Höhe der Frachtsätze der Flotte
7	7– 8	Bestimmung der Ausfallzeit
8	8– 9	Aufstellung eines Zeitbudgets nach Arten von Arbeiten der Flotte
9	10–12	Ermittlung der Positionen der Schiffe zu Beginn des Planungszeitraumes
10	11–12	Eingang von Transportanmeldungen
11	12–22	Verteilung der Schiffe nach Güterflüssen
12	13–14	Planung der Arbeiten der Hafen-Hilfsflotte
13	15–19	Analyse der Planerfüllung im vergangenen Jahr

Tabelle 7 (Fortsetzung)

lfd. Nr.	Chiffre der Ereignisse (Belege)	Bezeichnung der Arbeiten (Leitungsaufgaben)
14	16–19	Analyse des Planes des laufenden Jahres
15	17–19	Analyse der Planerfüllung im entsprechenden Quartal des vergangenen Jahres
16	18–19	Analyse des Planes des laufenden Quartals
17	19–20	Festlegung der Kennziffern des Transportplanes
18	20–22	Aufstellung eines Transportplanes für das Quartal durch die Indexmethode (anhand der mittleren Einkommenssätze)
19	22–23	Zusammenfassung des Transportplanes für das Quartal (Entwurf) und Bericht im Ministerium über die Kontrollziffern des Planes
20	9–24	Analyse des Zeitbudgets nach Arbeiten der Flotte im Ministerium
21	24–25	Präzisierung, Abstimmung und Bestätigung des Zeitbudgets nach Arbeitsarten der Flotte im Ministerium
22	25–26	Präzisierung der Transportbestellungen
23	25–27	Bestimmung des Umfanges der Fracht und der Vermietung von Schiffen
24	27–34	Abstimmung und Bestätigung des Transportplanes für das Quartal durch das Ministerium
25	23–28	Vorläufige Verteilung des Planentwurfes an die Schiffahrtsverwaltungen
26	28–29	Endgültige Verteilung des Transportplanes an die Schiffahrtsverwaltungen
27	29–30	Korrektur des Planes

Die Formulierung der Leitungsaufgaben, die in jeder konkreten Abteilung zu lösen sind, wird in der ersten Untersuchungsetappe abgeschlossen. Die nächste Etappe der eingehenderen und tieferen Untersuchung ist mit dem Studium der Informationsflüsse verbunden.

3. Untersuchung der Informationsflüsse

Nachdem das System in ausreichendem Maße bestimmt ist und die im System verlaufenden materiellen und physischen Prozesse sowie die Ziele und Aufgaben der Leitung dieser

Prozesse bestimmt sind, ist es notwendig, den Leitungsmechanismus, die Technologie der Informationsverarbeitung und der Vorbereitung von Entscheidungen zu prüfen. Dafür wird das System nach einem neuen Merkmal eingeteilt – in einen leitenden und einen zu leitenden Teil.

Ein realer technologischer oder volkswirtschaftlicher Prozeß ist hier Leitungsobjekt, und alle administrativen Organisationen und ihre Abteilungen werden als Leitungsorgan betrachtet.

Uns interessierten nur der leitende Teil des Systems und seine informatorischen Beziehungen mit dem Leitungsobjekt und der Umwelt.

Bei der Untersuchung der Informationsflüsse wird folgendes geklärt:

1. Welche qualitativen Informationen (semantische Informationen) werden für die Lösung der Leitungsaufgaben im System benötigt?
2. Welcher Teil dieser Nachrichten wird in Belegen festgehalten und welcher Teil muß festgehalten werden, um die elektronische Datenverarbeitung zu ermöglichen?
3. Ist die Information, die in den Nachrichten für die Lösung der formulierten Leitungsaufgaben übergeben wird, redundant und welche semantischen Informationen müssen die Belege ergänzen und welche sind zu streichen?
4. Welche Informationskanäle gibt es für jede Aufgabe, das heißt, im Lösungsprozeß welcher Aufgaben werden Beziehungen zwischen den Teilsystemen und Elementen hergestellt?
5. Welche Informationsflüsse bestehen (Menge der Nachrichden, die jeden Kanal durchläuft)?
6. Welche semantischen Einheiten werden bei der Erfüllung der Aufgaben des Systems verwendet?
7. Welche Sprache hat das System? Muß diese verbessert werden?
8. Welche Informationsträger werden im System verwendet, einschließlich Belege und anderer Formen der Darstellung von Informationen; welche Träger müssen außerdem für die manuelle bzw. elektronische Datenverarbeitung verwendet werden?
9. Welcher Teil der Informationen wird gespeichert und systematisch aus dem Speicher des Systems abberufen

und welche Merkmale hat dieser Speicher (Speicherkapazität, Zugriffszeit, Rechengeschwindigkeit, Speicherdauer und Frequenz der Erneuerung)?

10. Welche Nachrichten gehen in das System von außen ein und welche Ballungsmerkmale gibt es?
11. Welche Rechenkapazität haben die wichtigsten Informationsverarbeitungsstellen (periphere Geräte) und wie hoch ist die Durchlaßfähigkeit jedes einzelnen ihrer Nachrichtenkanäle?
12. Welche Informationen für die erfolgreiche Verwirklichung der Leitungsaufgaben fehlen, welche Informationsquellen, Übertragungskanäle, Datenverarbeitungs- und Speichermittel müssen projektiert werden?

Über Fragen der Methodik der Untersuchung von ökonomischen Informationsflüssen wurden viele Bücher geschrieben. Hier beschränken wir uns auf eine äußerst gedrängte Übersicht dieser Methoden, wobei wir nur einige prinzipielle Grundsätze unterstreichen wollen.

Keine Untersuchung darf mit der Erforschung der Informationsflüsse beginnen (zum Beispiel mit dem Belegumlauf). Ein solches Herangehen ist theoretisch sinnlos und ergibt keine praktischen Ergebnisse. Der Begriff „Information" erlangt nur in einem bestimmten System seinen Sinn, deshalb kann man nur von Informationen sprechen, wenn ein System formuliert ist. Die inhaltliche Seite der Informationen, die sogenannte Zusammensetzung der Informationen kann nur in bezug auf konkrete Leitungsaufgaben bestimmt werden, deshalb kann man Informationen erst klassifizieren, wenn ein Verzeichnis der vom System zu lösenden Aufgaben aufgestellt ist. Informationen sind ein abstrakter Begriff und stellen beliebige Beziehungen im Leitungsprozeß dar.

Man kann die Informationen nur ermitteln, wenn man die Struktur des Systems und die von seinen Teilsystemen auszuführenden Funktionen betrachtet. Die Menge ökonomischer Informationen ist nicht mit der Menge der Belege oder Zeichen verbunden; sie kann nur mit Hilfe der semiotischen Analyse ökonomischer Texte gemessen werden (nützliche Nachrichten, Anzahl der semantischen Einheiten, Methoden ihres Ausdruckes). Die Systemanalyse und die Untersuchung der Leitungsaufgaben gehen immer der Analyse der Informationsflüsse voraus. Zeitlich können diese Untersuchungen im gewissen Grad zusammenfallen.

Gegenwärtig wurden mehr als 10 unterschiedliche Typen von Untersuchungsmethodiken, die in verschiedenen Wirtschaftsobjekten angewandt wurden – angefangen von einem Industriebetrieb hin bis zum Gosplan der UdSSR und der Unionsrepubliken –, ausgearbeitet und erprobt. Hier wollen wir nur charakterisieren, inwieweit sich diese Methodiken wesentlich voneinander unterscheiden.

1. *Untersuchungsmethode von Leitungsprozessen auf der Grundlage eines Meßmodells, des sog. Netzplans des Organisationsprojektes.* Die Methode läuft auf die Aufstellung eines Netzplanes für die Lösung einer komplexen Leitungsaufgabe hinaus (siehe Abbildung 5). Die „Ereignisse“ (Knoten) werden als Bearbeitung bestimmter Belege der Ausgangsinformation und die „Vorgänge“ als logische, rechnerische und andere Operationen betrachtet, die von den Beschäftigten der Leitung ausgeführt werden. Jedem „Knoten“ wird ein Datum und jedem „Vorgang“ die Dauer, der Aufwand an Arbeitskraft in Personenstunden und der Verbrauch an Ressourcen usw. zugeordnet.

Die Methode ist für die dynamische Beschreibung eines Leitungsprozesses und die zeitliche Beschreibung der Entwicklung von Informationsflüssen geeignet, wobei sofort die „Engpässe“ bei der Durchführung der jeweiligen Leitungsaufgabe erkannt und damit – zum Beispiel – die Ressourcen zur Erfüllung der Arbeiten in der vorgesehenen Zeit umverteilt werden können. Außerdem ermöglicht es diese Methode, den Kreis der Aufgaben der Datenverarbeitung und der Aufgaben zur Entscheidungsfindung festzulegen, die von bestimmten Abteilungen bzw. Beschäftigten durchgeführt werden, um diese Informationen mit Hilfe anderer Methoden danach zu präzisieren. Diese Methode ermöglicht jedoch nicht, Informationen über den semantischen Gehalt von Nachrichten, die im Leitungsprozeß übertragen werden, zu erhalten.

Diese Methode wird zweckmäßig für die Untersuchung komplizierter und umfassender Leitungsprozesse, die von verantwortlichen Wirtschaftsorganen regelmäßig durchzuführen sind, angewandt.

2. *Methode der Matrizenmodellierung von Datenverarbeitungsprozessen, die im ZEMI der Akademie der Wissenschaften der*

UdSSR entwickelt und am Beispiel einer Reihe von Maschinenbaubetrieben erprobt wurde. Die Methode besteht in der Erfassung aller Belege, die im Verlaufe eines Jahres in der Werkleitung zirkulieren, in der Ergänzung dieser Belege durch nicht belegte Informationen und der Analyse dieser Informationen mit Hilfe eines Systems von Matrizenmodellen. Das Matrizeninformationsmodell stellt ein Schachbrett dar, in dem in den Zeilen und Spalten die Belege und Kennziffern und an den Schnittpunkten dieser Zeilen und Spalten ihre Wechselbeziehungen dargestellt werden. Die Matrix ist in vier Viertel bzw. Quadranten eingeteilt und hat drei Hilfsabschnitte. Das Gesamtschema des Matrizeninformationsmodells ist auf Abbildung 6 dargestellt.

Im ersten Quadranten werden alle Belege und Kennziffern widergespiegelt, die in der zu untersuchenden Abteilung bearbeitet werden. Die Zeilen und Spalten dieses Abschnittes haben gleiche Bezeichnungen, und an ihren Schnittpunkten werden die Prozesse der ökonomischen Planberechnungen und der Aufstellung der Kennziffern fixiert.

Im zweiten Quadranten stimmen die Bezeichnungen der Zeilen mit den Bezeichnungen der Zeilen des ersten Quadranten überein, in den Spalten werden die Abteilungen dargestellt, in denen die Kennziffern und Belege verwendet werden, die in der zu untersuchenden Abteilung erarbeitet wurden. Die Kästchen dieses Teiles der Matrix zeigen, wo und wie oft die erarbeiteten Belege und Kennziffern verwendet werden.

Im dritten Quadranten stimmen die Bezeichnungen der Spalten mit den Spalten des ersten Quadranten überein, und in den Zeilen sind die Belege und Kennziffern angegeben, die in die zu untersuchende Abteilung aus anderen Abteilungen bzw. anderen Organisationen eingehen. In den Kästchen dieses Teils der Tabelle wird gezeigt, welche Kennziffern und Belege für die „Produktion“ der Kennziffern und Belege in der untersuchten Abteilung verwendet werden.

Im vierten Quadranten stimmt die Bezeichnung der Zeilen mit den Zeilen des ersten Quadranten und die der Spalten mit den Spalten des zweiten Quadranten überein. An ihren Schnittpunkten werden die Belege und Kennziffern dargestellt, die in die untersuchte Abteilung eingehen, dort jedoch nicht für Planberechnungen und die Entscheidungsvorbereitung

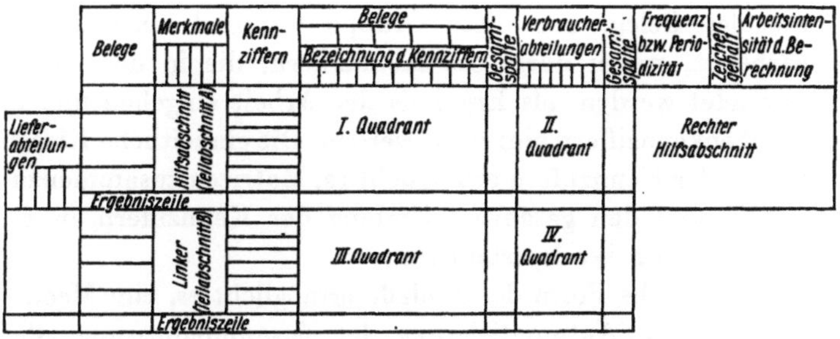

Abb. 6 Prinzipielles Schema eines Matrix-Informations-Modells

verwendet, sondern in andere Abteilungen „Transit" übergeben werden (sie können kontrolliert werden). Im oberen Teil des linken Hilfsabschnittes (Unterabschnitt A) werden die Merkmale dargestellt, die die von der untersuchten Abteilung auszuarbeitenden Belege enthalten. Im unteren Teilabschnitt B werden die Merkmale der Belege dargestellt, die von außen eingehen. Der rechte Hilfsabschnitt dient für die Niederschrift einiger Informationen, die für die nachfolgende Analyse des Informationssystems benötigt werden, sowie der Informationen, die nicht unmittelbar in der Matrix widergespiegelt werden können.

Solche Informationsmatrizen können große Ausmaße sogar für einzelne Abteilungen eines Werkes bzw. einer Einrichtung erreichen. Deshalb ist es zur besseren Übersicht der erhaltenen Informationen sowie für die nachfolgende Analyse günstiger, einige „leichtere" Typen von Matrizeninformationsmodellen zu verwenden (zum Beispiel eine Matrix vom Typ „Beleg für Beleg", eine vom Typ „Kennziffer für Kennziffer" und einige andere).

Das Matrizeninformationsmodell, das heißt das Modell, das den Prozeß des Umlaufes und der Verarbeitung von Informationen darstellt, wird für jedes elementare Objekt aufgestellt. Das können sein: eine Gruppe von Ausführenden der Werkleitung; ganze Abteilungen der Werkleitung sowie einige Dienstleistungseinrichtungen des Werkes. Als Überschrift der Zeilen und Spalten der Matrix dienen die Kennziffern, die in alle Belege eingehen, die von der jeweiligen Gruppe bearbeitet werden. Somit ist jede Matrix in gewissem Maße ein zusammen-

fassender Beleg, den diese Gruppe während eines Jahres bearbeitet, wobei darin die Kennziffern, die in der Arbeit verwendet werden, als Ergebnis der Arbeit eingehen und in Zwischenkennziffern eingeteilt werden. Die einheitliche Klassifikation der Kennziffern ermöglicht es, Matrizen zusammenzukoppeln und den gesamten Umfang der Kennziffern zu ermitteln, die im Werk zirkulieren.
Die einheitliche Form der Modelle ermöglicht es, eine Mechanisierung bzw. Automatisierung der Zusammenfassung aller Matrizenmodelle zu einem Modell vorzunehmen und damit ein umfassendes integriertes Datenverarbeitungsschema des untersuchten Betriebes insgesamt zu erhalten.
Auf Grund der so gesammelten und bearbeiteten Informationen kann ein mehr oder weniger vollständiges Verzeichnis der Leitungsaufgaben aufgestellt werden, die im Laufe eines Jahres zu lösen sind. Außerdem erhält man durch das integrierte Schema sofort ein Gesamtmuster für die komplexe Mechanisierung der Datenverarbeitung. Mit Hilfe der beschriebenen Methode ist es jedoch nicht möglich, eine detaillierte Aufgabenstellung für eine Algorithmierung zu erhalten. Es fehlen auch Informationen über die Reihenfolge der Lösung dieser Aufgaben und die Dynamik der Informationsflüsse. Mit Hilfe von Matrizen kann man sofort eine offensichtliche Dopplung von Kennziffern aufdecken und beseitigen. Man kann jedoch nicht die Redundanz und Häufigkeit bei der Verwendung von Kennziffern erkennen. Die Methode ist hauptsächlich in Industriebetrieben anwendbar, wo die Befragung der Beschäftigten in bezug auf den Charakter der von ihnen zu lösenden Aufgaben gewöhnlich wenig Erfolg hat und wo die Verarbeitung von Daten den größten Teil der Zeit der Leitung in Anspruch nimmt.
3. *Graphenanalytische Untersuchungsmethode der Informationsflüsse.* Die Methode wurde vom Institut für Leitungsprobleme erarbeitet und im Magnitogorsker Eisenhüttenkombinat erprobt. Für die Darstellung der Informationsflüsse wird ein graphisches Schema aufgestellt, dessen Knotenpunkte bestimmte Struktureinheiten des Informationsflusses darstellen. Im Schema werden auch die sogenannten *Operatoren* dargestellt, das heißt die Leiter der verschiedenen Ebenen und das Personal, das die Erfassung und Verarbeitung der Daten

durchführt. Für die formelle Beschreibung der Strukturkomponenten der Informationsflüsse wird eine sogenannte Zweig-Informationssprache mit dem entsprechenden Schlüsselsystem verwendet. Die Beschreibung der Informationsflüsse besteht in der Ausfüllung einer vereinheitlichten Tabelle durch verschlüsselte Daten. Das wird parallel für verschiedene Abteilungen des untersuchten Leitungsorgans durchgeführt. Eine solche Beschreibung macht es möglich, gleiche Informationsmodelle aufzustellen, die im weiteren gemeinsam analysiert werden. Die Bearbeitung dieser Tabellen kann mit elektronischen Datenverarbeitungsanlagen durchgeführt werden. Dabei werden parallele Flüsse, der Informationsbedarf der verschiedenen Leitungsglieder, der Speicherumfang des Systems und eine ganze Reihe anderer Informationen ermittelt. Eine wichtige Eigenschaft dieser Methode besteht darin, daß auch die dynamischen Charakteristiken des Informationssystems widergespiegelt werden. Das gibt die Möglichkeit, mehr Kenntnisse und Informationen über die Datenverarbeitungsprozesse darzustellen als mittels der Matrizenmodelle; jedoch ist diese Methode kompliziert und erfordert eine hohe Qualifikation derjenigen, die die Untersuchung durchführen.

4. *Die Analyse geschaffener Informationen* wurde zur Untersuchung von Aufgaben der Leitung komplexer Produktions-, Transport-, Versorgungs- und Handelsprozesse ausgearbeitet, wobei der Weg der Bewegung eines Arbeitsgegenstandes in allen Bearbeitungsstadien, der Lagerung, des Transports usw. verfolgt wird. Dabei wird die Information fixiert, die unmittelbar in allen diesen Stadien erzeugt wird.

Diese Methode ist nur unmittelbar in einem Produktionsglied anwendbar, das eng mit dem technologischen Produktions- und Verteilungsprozeß verbunden ist. Sie garantiert erschöpfende Kenntnisse über die gesamten Prozesse und kann hauptsächlich für die Kontrolle der Vollständigkeit von Informationsflüssen verwendet werden.

5. „*Modul*" ist eine Methode, die in der amerikanischen Firma IBM entwickelt wurde. Sie ist für die detaillierte Analyse eines bestimmten Informationsflusses bestimmt, der zum Beispiel mit Hilfe der oben beschriebenen Methode ermittelt wurde. Ziel der vorliegenden Methode ist die Ermittlung von Möglich-

keiten zur Mechanisierung und Automatisierung der Informationsverarbeitung. Das Schema der Reihenfolge der Aufgaben schließt die Erfassung, Verschlüsselung, Aufbereitung, Übertragung, Verarbeitung und Darstellung von Informationen sowie die Entscheidungsfindung auf der Grundlage dieser Informationen ein. Für jede fixierte Nachricht wird eine Typenkarte angefertigt, wo durch einfache Zeichen alle angegebenen Aufgaben auf dem Weg dieser Karte vermerkt werden. Die Methode ist deshalb günstig, weil sie es ermöglicht, mit einfachsten Mechanisierungsmitteln große Mengen von Informationen zu verarbeiten und eine quantitative Charakteristik für jede Operation zu erhalten, Dopplungen aufzudecken und für jeden Kanal die notwendige Durchlaßfähigkeit und die Rechenkapazitäten zu bestimmen. Diese Methode kann jedoch nur dann angewendet werden, wenn eine entsprechende Vorarbeit zur Ermittlung der Informationskanäle und zur Klassifikation der Nachrichten geleistet wurde.

6. *Die Methode der stufenweisen Analyse von Leitungsaufgaben* wurde zur Ermittlung von „kurzen" Informationsflüssen im Prozeß der operativen Leitung der Produktion, des Transports sowie des Handels entwickelt. Gewöhnlich löst hier ein Ingenieur oder ein Dispatcher eine Leitungsaufgabe anhand eines beschränkten Umfanges von operativen Nachrichten. Die Methode besteht darin, für eine bestimmte Leitungsaufgabe durch Kennenlernen der Arbeit der einzelnen Mitarbeiter eine Formulierung von Teilaufgaben der Leitung (vom Typ einer arithmetischen Aufgabe) mit möglichst großer Genauigkeit zu geben. Die Aufgabe wird auf eine Typenkarte eingetragen (Abbildung 7). Das Verzeichnis der Bedingungen in der formulierten Aufgabe gibt Material für die Klassifikation der Kennziffern und speziellen Gruppen von Informationen. Die Bedienungskräfte, die diese Aufgabe lösen, können damit ein Schema für die Bewegung der Informationen aufstellen. Das Hauptziel dieser Karten ist jedoch die nachfolgende Integration bei der Datenverarbeitung und der Entscheidungsfindung. Die Verwendung von Randlochkarten ermöglicht es, die Analyse von informatorischen Wechselbeziehungen der Leitungsaufgaben zu mechanisieren.

Die Methode ist für die Aufstellung eines integrierten Datenverarbeitungsschemas und die Ermittlung des Bedarfs an

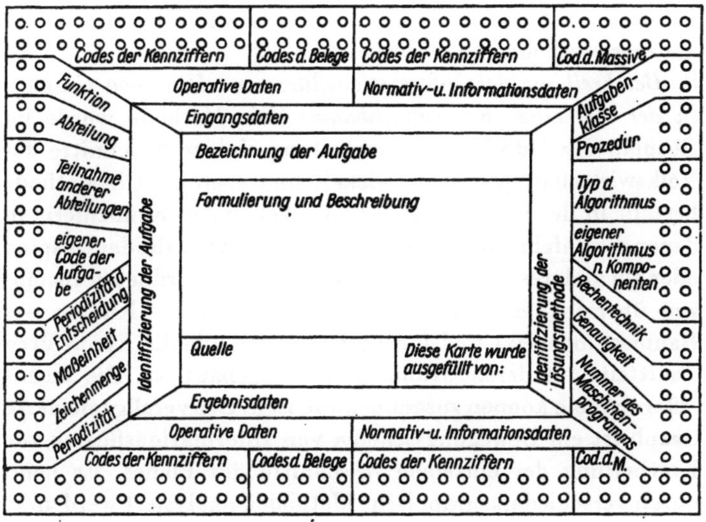

Abb. 7 Variante einer Karte für eine Aufgabe

Informationen gut geeignet. Sie garantiert jedoch nicht die volle Erfassung der Informationsflüsse und vermittelt wenig Kenntnisse über ihre Spezifizierung. Sie kann gut verwendet werden, wenn Leitungsaufgaben verantwortungsvoll und schnell direkt am Arbeitsplatz (durch den Dispatcher, in den Werkabteilungen), ohne Weiterleitung der Informationen, getroffen werden müssen.

7. *Beschreibung von Leitungsaufgaben in einer algorithmischen Sprache.* Im Ausland wurde eine Reihe spezieller algorithmischer Sprachen für die Beschreibung von Aufgaben (darunter auch von Leitungsaufgaben) entwickelt und Programme für die automatische Analyse und Integration der Übertragung und Verarbeitung von Informationen und die Entscheidungsfindung aufgestellt.

Theoretisch sind diese Methoden äußerst vielversprechend, sie werden jedoch praktisch bis jetzt wenig angewandt, und zwar wegen des großen Arbeitsaufwandes, der genauen Beschreibung der zu erfüllenden Leitungsaufgaben in einer algorithmischen Sprache sowie wegen des Bedarfs an qualifizierten Spezialisten für diese Arbeit. Faktisch ist die Anwendung dieser Methode nur dann möglich, wenn die Infor-

Informationsflüsse erforscht, beschrieben und mit Hilfe anderer Methoden analysiert sind.

8. *Beschreibung der Informationsflüsse mit Hilfe von Graphen in der Art eines Kennziffernbaums.* Die Methode wurde im Gosplan der UdSSR zur Erarbeitung einiger Abschnitte des Volkswirtschaftsplanes entwickelt und erprobt. Die Methode besteht in der Ermittlung der entscheidenden Kennziffern, in denen die Befehlsinformation ausgedrückt wird, die der Gosplan oder ein anderes Leitungsorgan an die untergeordneten Instanzen übergibt. Eine solche Kennziffer wird als Knoten des Baumes eingesetzt, und für diesen werden alle die Kennziffern ermittelt, auf deren Grundlage er aufgebaut ist. Die Kennziffernbäume können zusammenwachsen. Der verallgemeinerte Graph ist ein Bewegungsschema von Informationsflüssen zur Erarbeitung der einzelnen Abschnitte des Planes. Er kann durch verschiedene graphische Methoden analysiert werden.

Zur vereinfachten Darstellung und Analyse der Nachrichten über die Bildung der Kennziffern wurden einfache Typenformblätter entwickelt, die als algorithmische Tabellen bezeichnet werden. Die Methode ist anwendbar, wenn man entscheidende Kennziffern explizit ermitteln kann, das heißt, wenn der Leitungsprozeß einen äußerst aggregierten Charakter hat. Diese Prozesse sind für Leitungsorgane auf der höchsten Ebene der Volkswirtschaft charakteristisch. Die Mängel dieser Methoden bestehen darin, daß sie keine erschöpfenden Nachrichten über die Informationsflüsse, den Bewegungsablauf der Informationen vermitteln und nicht als Grundlage für die Bildung eines integrierten Systems dienen können.

9. *Die Methode der funktionellen Aufgabenanalyse* dient zur detaillierteren Analyse der Leitungsprozesse in den übergeordneten Organen der Volkswirtschaft, die nicht unmittelbar mit dem technologischen Prozeß verbunden sind. Die Methode wurde im Gosplan der UdSSR erarbeitet und in einigen Abschnitten des Volkswirtschaftsplanes der Ukraine erprobt. Die Methode besteht in der logischen Ermittlung der Hauptfunktionen, die von einer Abteilung eines Planungsorganes ausgeführt werden. Die Funktionen werden weiterhin in Elemente untergliedert, die wiederum in einzelne Aufgaben zerlegt werden. Für jede Aufgabe wird ein ihr entsprechendes logisches Schema aufgestellt. Diese logischen Schemata wider-

spiegeln in gewissem Maße den praktischen Ablauf der Arbeiten. Für jede Aufgabe werden Ziele, Restriktionen und informatorische Beziehungen ermittelt. Nach Erfüllung dieser Arbeiten wird eine Liste der Eingangs- und Ausgangsinformationen in konkreten Formblättern von Belegen aufgestellt, was es ermöglicht, orientierungsmäßig Mengen und den Charakter der Informationen zu bestimmen. Die Planungsaufgaben werden in einem logischen Netz zusammengefaßt, auf dessen Grundlage die Flüsse der objektiv notwendigen Informationen gebildet werden. Die Methode wird zur Untersuchung der Arbeit der Leitungsorgane der Volkswirtschaft verwendet, die nicht unmittelbar mit der Leitung von technologischen Prozessen verbunden sind. Der Mangel dieser Methode besteht darin, daß sie tiefgreifende Kenntnisse der „Technologie" des Leitungsprozesses selbst erfordert.

10. *Die Methode „Schemata der informatorischen Beziehungen der Planberechnungen"* wurde in der Ökonomischen Fakultät der Moskauer Universität entwickelt und im Gosplan der UdSSR erprobt. In den Schemata werden die Planberechnungen einer Abteilung, die Reihenfolge ihrer Durchführung, die Zusammensetzung und die Quellen der Informationen, die Verarbeitungsmethode und die Richtungen der Weiterverwendung der Informationen dargestellt. In den Schemata wird eine sehr einfache und günstige Symbolik verwendet, die es ermöglicht, in anschaulicher Form die Informationsflüsse, die Wechselbeziehung der verschiedenen Abteilungen bei der Durchführung von Leitungsprozessen, die logische Reihenfolge und die Wechselbeziehung der Aufgaben darzustellen. Die verwendeten Symbole und das Muster eines Schemas sind in Abbildung 8 dargestellt. Eine Reihe von speziellen Einschränkungsregeln bei der Aufstellung solcher Schemata sichert ihre Einheitlichkeit und die Möglichkeit der Verschlüsselung mit nachfolgender Eingabe der Daten in eine elektronische Rechenmaschine. Ein Mangel dieser Methode ist, daß sie – ungeachtet der Einfachheit und Klarheit der Darstellung der Analyseergebnisse – eine genaue und detaillierte Untersuchung des vorhandenen Leitungssystems erfordert und keine ausreichend gründliche Analyse des Kennziffernsystems selbst garantiert. Deshalb muß diese Methode in Verbindung mit anderen Methoden, insbesondere mit Methoden der Unter-

suchung der Normen für die Entscheidungsfindung und der Sprache der ökonomischen Leitung, angewandt werden.

11. *Die Methode der Analyse der Normen für die Entscheidungsfindung* ist für die Ermittlung von Informationen bestimmt, die nicht in laufenden Belegen festgehalten sind. Sie besteht in der Suche und Systematisierung aller gültigen Rechtsnormen, die ausdrücklich oder indirekt bei der Entscheidungsfindung berücksichtigt werden müssen. Dabei werden die Gesetze, administrativen Verfügungen (Statute, Anordnungen, Beschlüsse) sowie einige traditionelle Regeln analysiert, die nirgends fixiert sind, jedoch durch Erfahrung in der Arbeit angeeignet wurden. Letztere werden auf der Grundlage bereits getroffener Entscheidungen zu bestimmten Fragen ermittelt. Die Methode hat große Bedeutung bei der Projektierung des Speichers automatisierter Leitungssysteme, der außer Informationen über Normative auch Kenntnisse darüber enthalten muß, wie und unter welchen Bedingungen diese Informationen verarbeitet werden.

12. *Untersuchung der Leitungssprache.* Anhand einer Liste von Kennziffern belegter und nichtbelegter Nachrichten sowie der Analyse der Nachrichtentexte wird ein Leitungsthesaurus aufgestellt, das heißt eine formalisierte Liste aller Grundbegriffe, die in der Leitung verwendet werden.

Es werden die logischen Beziehungen zwischen den Elementen des Thesaurus festgestellt und formalisiert. Wenn dieses Element, das heißt der Begriff, durch eine Kennziffer ausgedrückt wird, so stimmt das Schema der Beziehungen des Begriffes mit dem Algorithmus für die Berechnung der Kennziffer überein. Das macht es möglich, eine Duplierung von Kennziffern und die Mehrdeutigkeit ihres Sinnes völlig zu beseitigen, die Kennziffern und ihre Berechnungsmethoden zu vereinheitlichen und die Quellen von Kennziffern zu ermitteln, das heißt die einfachen semantischen Einheiten in den Nachrichten, aus denen sie bestehen.

Der Leitungsthesaurus dient auch für die Aufstellung von Systemen untereinander verbundener Codes sowie für die nachfolgende Analyse der semantischen und redundanten Informationen. Außerdem wird auf der Grundlage der Analyse der Kennziffern und der Texte ein Leitungswörterbuch zusammengestellt, das ein Verzeichnis der Werte angibt, mit

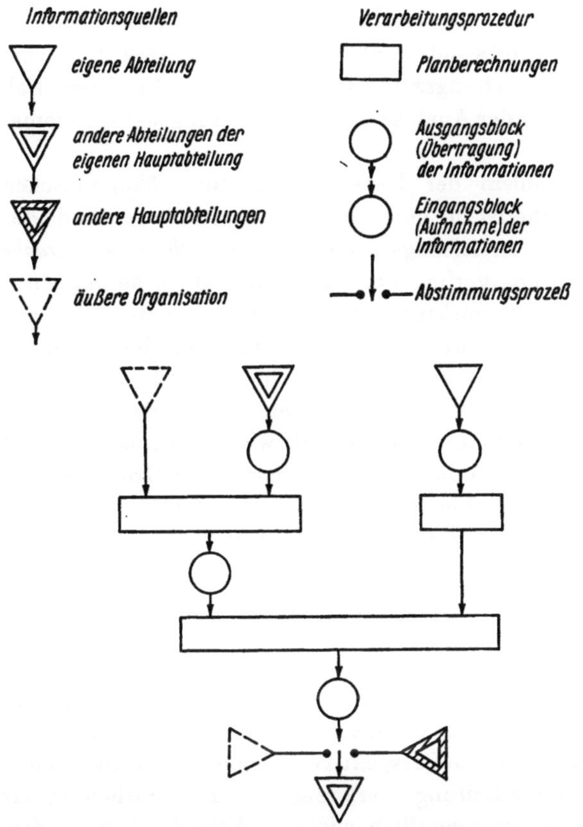

Abb. 8 Symbole und Schema für Informationsbeziehungen

denen die Begriffe bezeichnet werden und das die Grammatik und die Regeln des Aufbaus von Kennziffern und Belegen angibt. Das Wörterbuch und die Grammatik enthalten nur eine äußerst geringe Anzahl von Elementen der natürlichen Sprache und sind deshalb eine günstige Basis für den Aufbau von algorithmischen Sprachen, die für Aufgaben der Datenverarbeitung spezialisiert sind. Sie ermöglichen auch, die Belege möglichst zu vereinfachen und alle Hauptarten der nicht belegten Nachrichten zu typisieren, was nicht nur die Arbeit des Leitungspersonals erleichtert und vereinfacht, sondern auch Voraussetzungen zur Einführung der Rechentechnik schafft.

Die Untersuchung der Leitungssprache ist dann notwendig, wenn die Tätigkeit des Leitungsorgans so kompliziert ist, daß das Studium und die Darstellung seiner Tätigkeit einen zu großen Arbeitsaufwand qualifizierter Spezialisten oder eine zu lange Untersuchungszeit erfordern würden. In diesem Fall muß der Prozeß der Analyse und Projektierung selbst automatisiert werden.

Mit dem Problem der Untersuchung einer ökonomischen Leitungssprache ist die neueste wissenschaftliche Methode der Projektierung von Leitungssystemen – *die Methode der Sprache des Systems* – eng verbunden. Sie ermöglicht es, die logischen Möglichkeiten der elektronischen Datenverarbeitungsanlagen sowie ihre Fähigkeit der Speicherung und der Verarbeitung großer Informationsmengen im Prozeß der Untersuchung, Analyse und Synthese des automatisierten Leitungssystems auszunutzen. Diese Methode wird zweckmäßigerweise in Kapitel III, § 4 behandelt, nachdem die Grundbegriffe, die mit der Entwicklung von automatisierten ökonomischen Leitungssystemen verbunden sind, dargelegt wurden.

4. Die Wahl des Typs des Systems

Ein Kollektiv, das eine detaillierte Untersuchung der Leitungsaufgaben und Informationsflüsse durchführt, unterliegt der Gefahr, sich zu sehr in die Untersuchung zu vertiefen. Dabei kann der Blick für die Perspektive des neuen vervollkommneten Systems der Leitung verlorengehen. Bekanntlich ist das Atom ebenso unerschöpflich wie das Weltall; ebenso unerschöpflich sind die Kenntnisse über einen beliebigen Betrieb, ein beliebiges Leitungsorgan. Das Forscherkollektiv darf nicht alles wissen wollen, was das Kollektiv des untersuchten Betriebes oder der Einrichtung weiß, denn sonst würde sich die Untersuchung über viele Jahre hinziehen. Man muß so viele Informationen haben, wie man für die Projektierung eines rationellen oder automatisierten Leitungssystems braucht. Deshalb müssen die Leiter der Forscherkollektive ständig den Zufluß neuer Kenntnisse über das System kontrollieren und den Zeitpunkt bestimmen, zu dem man bereits formulieren kann, wie und mit welchen Mitteln das neu zu projektierende System arbeiten soll.

Das Forscherkollektiv entschließt sich zur Wahl des Typs des Systems. Diese schöpferische Arbeit ist mit der Präzisierung der erhaltenen Ergebnisse, mit der Behandlung und Formulierung der Hauptmerkmale des zukünftigen Systems verbunden. Danach geht das Kollektiv zur Synthese und Projektierung des neuen Systems über, wobei es zusätzlich nur die Informationen noch einholt, die für die Projektierung unbedingt erforderlich sind.

Auf Abbildung 9 wurde der Versuch gemacht, ein allgemeines Schema zur Analyse und Synthese des Systems aufzustellen. Der Prozeß der „Erkenntnis“, der Analyse des Systems, ist einem sich unendlich verzweigenden Baum ähnlich. Man muß den Prozeß der weiteren Teilung rechtzeitig unterbinden. Die Zweige müssen jetzt auf neue Weise zusammenwachsen; im Prozeß des Zusammenwachsens – der Synthese – muß das neue rationelle, automatisierte Leitungssystem genau definiert und spezifiziert werden.

Zur rationellen Auswahl des Typs eines Systems ist seine Klassifizierung erforderlich. Auf dem Gebiet der Klassifizierung von Systemen gibt es jedoch bis jetzt keine Einheitlichkeit. Sie ist auch schwer erreichbar, da ein System gleichzeitig nach vielen unterschiedlichen Kriterien klassifiziert werden muß.

Leitungssysteme werden natürlich zuerst unter dem Aspekt des Objekts klassifiziert: Man unterscheidet automatisierte Leitungssysteme von Industriebetrieben, von Transport- und

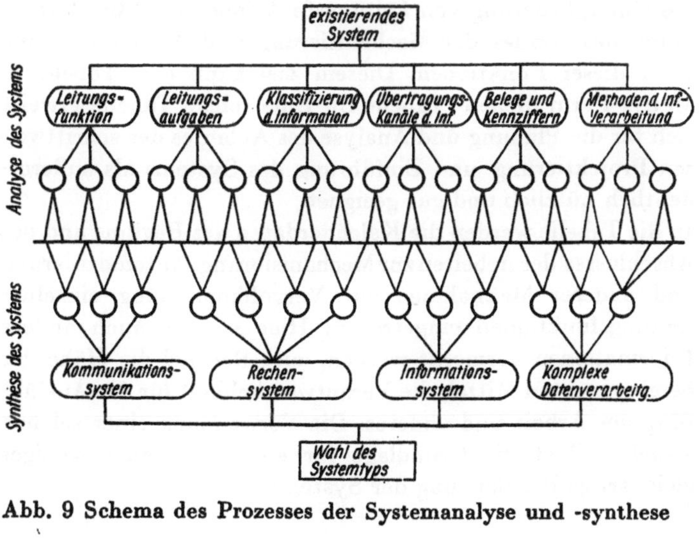

Abb. 9 Schema des Prozesses der Systemanalyse und -synthese

Handelsunternehmen; automatisierte Leitungssysteme eines territorialen Zweigkomplexes, einer Zweigleitung, eines zentralen ökonomischen Planungsorgans usw.
Als ein anderes Klassifizierungsmerkmal dient manchmal die eingesetzte Rechentechnik. Wenn Rechenmaschinen mit Tasteinrichtung eingesetzt werden, sagt man, es wurde eine wissenschaftliche Organisation der Arbeit geschaffen; wenn Lochkartenmaschinen verwendet werden, so bezeichnet man das System als mechanisiert, wenn eine elektronische Datenverarbeitungsanlage eingesetzt wird, so spricht man von einem automatisierten System.
In Wirklichkeit ist der Grad der Automatisierung und Mechanisierung nur äußerst gering an den Typ der eingesetzten Technik gebunden. Die elektronischen Rechenmaschinen werden in den meisten Systemen gerade für die Mechanisierung der Verwaltungsberechnungen verwendet; es sind jedoch Beispiele bekannt, wo automatisierte Systeme mit analytischen Maschinen ausgestattet sind, die von Anfang bis Ende den ganzen Komplex von Verwaltungsrechnungen ohne Eingreifen eines Menschen durchführen. Außerdem wird in hochentwickelten Systemen eine breite Skala von Rechentechnik und anderer Technik (einschließlich EDVA sowie analytischer und Tastaturmaschinen) eingesetzt.
Eine nützliche Methode zur Klassifizierung von Systemen sind die Untergliederung von Leitungsfunktionen und die Bestimmung des Grades der Mechanisierung und Automatisierung jeder dieser Funktionen. Diesem Ziel kann eine Tabelle in Matrix-Form dienen (Tabelle 8). Eine solche Tabelle erweist sich für die Planung und Analyse des Ablaufes der schrittweisen Projektierung und Einführung des Systems als außerordentlich nützlich und gut geeignet.
In die Tabelle werden die Kalenderdaten des Beginns und des Abschlusses der Arbeiten zur Mechanisierung, Automatisierung und anderer Maßnahmen zur Vervollkommnung einzelner Leitungsfunktionen eingetragen. Hier können auch andere Informationen vermerkt werden, zum Beispiel die Höhe der bereitgestellten Mittel, die Verantwortlichkeit für die Ausführung der Arbeit und anderes. Die Verwendung einer solchen Tabelle bildet die Grundlage für eine mehr oder weniger gleichartige Bezeichnung der Systeme.

Tabelle 8

Funktionen des Systems / Leitungsfunktionen	Rationalisierung der Formen und Methoden	El. Mechanisierung der Berechnungen	Kompl. Mechanisierung der Berechnungen	Automatisierung der Berechnungen	Kompl. Bearbeitung der Belege	Integr. Datenverarbeitung	Einsatz von Modellen für optimale Entscheidungen	Automatisierung der Leitung
1. Perspektivplanung								
2 Jahresplanung								
3. Produktionsvorbereitung								
4. Dispatcherdienst und Produktionsleitung								
5. Planung und Abrechnung der Materialversorgung								
6. Planung und Erfassung — Arbeit und Löhne —								
7. Planung der Auslastung der Produktionskapazitäten und Erfassung der Nutzung der Ausrüstungen								
8. Buchhaltung und Finanzoperationen								
9. Statistische Erfassung und Analyse der Wirtschaftstätigkeit								
10. Sonstige Leitungsfunktionen								

Zum Beispiel werden solche Bezeichnungen wie „System zur komplexen Mechanisierung der ökonomischen und Planberechnungen“, „automatisierte Dispatchersysteme für die Produktion“, „integriertes System für die Datenverarbeitung – Arbeit und Löhne“ allgemein verwendet.
Es gibt noch ein weiteres wichtiges Klassifizierungsprinzip, das für die Wahl des Typs des Systems (auf der Grundlage der Analyse der Leitungsfunktion und der Informationsflüsse) entscheidende Bedeutung hat. Dieses Prinzip geht von der Zweckbestimmung des Systems insgesamt aus – in Abhängigkeit von den Besonderheiten des Leitungsobjektes.
Die wichtigsten Typen von Systemen nach ihrer Zweckbestimmung können sein:
1. Kommunikationssystem;
2. Rechensystem mit hoher Geschwindigkeit;
3. integriertes Datenverarbeitungssystem;
4. Optimierungssystem;
5. logisches Informationssystem;
6. System, das Erfahrungen sammelt (bzw. „selbstlernendes“ System);
7. Zielsystem.

Betrachten wir die Zweckbestimmung dieser Systemtypen etwas genauer.
1. Wie schon festgestellt wurde, sind die Hauptschwierigkeit der Leitung und das größte Hindernis für die erfolgreiche Durchführung der Leitungstätigkeit die Verzögerung und der Verlust eines Teils der Informationen bei deren Weitergabe. In einer Reihe von Organisationen hat man sich schon damit abgefunden, daß der Plan erst einige Monate nach Beginn des Planungszeitraumes endgültig bearbeitet und bestätigt wird und die statistischen Mitteilungen mit solcher Verspätung eintreffen, daß sie für die Ausarbeitung und sogar für die Korrektur der Plandurchführung in keiner Weise mehr genutzt werden können. Neben dem offiziellen, belegten System der operativen Berichterstattung, das die Mitteilungen nicht rechtzeitig liefert, wird oft faktisch ein zweites – paralleles – inoffizielles Informationssystem eingeführt (telefonische Berichte, Entsendung von Vertretern, Einberufung von Beratungen). Informationen, die nicht rechtzeitig eingehen, verlieren bekanntlich jede Bedeutung. Es geht nicht nur die Berichts-

information, sondern auch die Instruktions- und Befehlsinformation verloren. Untersuchungen in einer Reihe von Betrieben und Einrichtungen zeigten, daß manchmal bis zu 60 Prozent der Anordnungen, Befehle und anderer Direktiven nicht zu den Ausführenden gelangen und, wenn sie doch zu ihnen gelangen, nicht ausgeführt werden. In den meisten Fällen hatte man sich daran gewöhnt. Es entwickelte sich sogar eine spezielle Theorie, daß eine Anordnung, wenn sie wirklich wichtig ist, zwei- oder dreimal wiederholt wird. Dabei gründet sich eine solche Überlegung zweifellos darauf, daß man die Erfüllung aller Befehle und Anordnungen sowieso nicht kontrollieren kann. Alle diese Mängel werden durch objektive Schwierigkeiten bei der Weitergabe von Informationen in einem komplizierten Leitungssystem mit mehreren Stufen hervorgerufen. Man kann folgende Hauptursachen für die Verzögerung und den Verlust von Informationen verantwortlich machen:

Die Schwierigkeit der sogenannten Erfassung der Primärinformationen, das heißt der Registratur des Produktionsprozesses und des Volkswirtschaftsprozesses in allen seinen Stadien; die Schwierigkeit und der große Arbeitsaufwand bei der Ausfüllung komplizierter und oft verwirrender Formblätter für die Primärerfassung von Daten;

veraltete und rückständige Formen der Informationsübertragung (insbesondere Postverbindung);

aufwendige und lange manuelle Bearbeitung der Belege;

Verzögerung bei der Entscheidungsfindung wegen fehlender Rechte und Pflichten der Ausführenden und Überlastung ihrer Leiter;

Schwierigkeit und Dauer der Abstimmungsprozesse verschiedener Entscheidungen;

fehlende effektive und rechzeitige Kontrolle der Erfüllung der Anordnungen.

Somit läuft ein wesentlicher Teil der Probleme zur Verbesserung der Leitungsprozesse letzten Endes auf die Verbesserung aller Arten von Kommunikation und auf die Sicherung einer schnellen und rechtzeitigen Weitergabe der Informationen im notwendigen Umfang hinaus. Wie aus den aufgezählten Ursachen für die Verzögerung von Informationen hervorgeht, ist dieses Problem sehr komplex und wird durch die gleichzeitige

Anwendung verschiedener Methoden und Mittel gelöst. Ein System, dessen Zweckbestimmung in der schnellsten Übermittlung von Informationen besteht, ist ein Kommunikationssystem.

2. In einer ganzen Reihe von Organisationen bestehen Probleme, die einen großen Arbeitsaufwand und komplizierte Rechenarbeiten erfordern. Mangelnde Rechenkapazitäten führen zu einer großen Überlastung der Beschäftigten, zu Verzögerungen in der Informationsübermittlung und bei Planentscheidungen. Was jedoch das wichtigste ist: Es führt zur Verschlechterung der Leitungsqualität, zu wenig durchdachten Plankonzeptionen der Produktion (ohne ausreichend begründete Normative), dazu, daß es keine Mehrvariantenplanung gibt und man sich mit der ersten mehr oder weniger bilanzierenden Planberechnung zufriedengeben muß.

Das Fehlen ausreichender Rechenkapazitäten verhindert die Einführung optimaler Planung und operativer Leitung, da die Methoden der optimalen ökonomischen Planberechnungen einen großen Umfang an Rechenarbeiten erforderlich machen. Deshalb ist eines der Ziele – in einzelnen Fällen auch das Hauptziel – die Schaffung eines leistungsfähigen Rechnersystems.

3. Da die bestehenden Datenverarbeitungssysteme historisch unter den Bedingungen der manuellen Arbeitsteilung entstanden sind, haben sie eine ganze Reihe von Mängeln. Dazu gehören: mehrmalige Erfassung der gleichen Nachrichten, ein außerordentlich kompliziertes und verwirrendes System der Belege und des Belegumlaufes (Ausfüllen der Belege in vielen Exemplaren, mehrmaliges Doublieren der gleichen Arbeiten mit den Belegen in verschiedenen funktionellen Leitungsabteilungen, unterschiedliche Berechnungsmethoden für die gleichen Kennziffern und anderes). Deshalb erlangt für Organisationen, deren hauptsächliche Tätigkeit die Arbeit mit Belegen ist, die Schaffung einheitlicher Methoden zur Erfassung, Verarbeitung und Ausfertigung von Daten (die Vereinigung verstreuter Informationsquellen und ihrer Flüsse, die Schaffung einer einheitlichen koordinierten Informationsverarbeitung, die Vereinheitlichung der Belege, die Vereinfachung des Belegumlaufes und eine Reihe anderer Maßnahmen) größte Bedeutung. All das heißt „integriertes Datenverarbei-

tungssystem“ (eingehender wird dieses Problem in Kapitel III behandelt).

4. Die Automatisierung von Leitungsaufgaben auf der Basis des Einsatzes von EDVA ermöglicht es, nicht nur ökonomische Planberechnungen in mehreren Varianten durchzuführen, sondern auch in jedem konkreten Fall die optimale Entscheidungsvariante zu finden. Dafür gibt es schon einen ziemlich gut entwickelten Apparat von ökonomisch-mathematischen Methoden und Modellen.

Tausende von ausgefeilten ökonomisch-mathematischen Optimierungsmodellen für die unterschiedlichsten ökonomischen Aufgaben und Situationen wurden in der sowjetischen und ausländischen Literatur beschrieben. Jedoch ist das Vorhandensein eines ökonomisch-mathematischen Optimierungsmodells nur einer von vielen Faktoren zur Optimierung der Leitung. Damit diese Modelle in die Arbeit der jeweiligen Organisation „eingebaut“ werden können, sind folgende Bedingungen erforderlich:

a) Vorhandensein von genau formulierten Optimalitätskriterien und Zielfunktionen für jede konkrete Leitungsaufgabe, ohne welche die Anwendung eines Optimierungsmodells sinnlos ist. Diese Kriterien und Zielfunktionen müssenn eien einheitlichen verbundenen Komplex bilden. Das Schema der Wechselbeziehung der Kriterien und Zielfunktionen bestimmt auch die Struktur der ökonomisch-mathematischen Modelle;

b) es kann keine Optimierung einer Teilfunktion der Leitung durchgeführt werden, wenn gleichzeitig nicht auch die anderen Funktionen optimiert werden. Die Optimierung einer einzelnen Funktion ist nur in den Grenzen der Reserven möglich, die in dem jeweiligen System vorhanden sind. Für die Verwirklichung einer optimalen Leitung muß also der Kreis der angewandten Modelle ziemlich groß sein, um alle in Wechselbeziehung stehenden Funktionen der Leitung zu erfassen, wobei diese Modelle durch strenge Bilanzbeziehungen verbunden sein müssen;

c) die ökonomisch-mathematischen Modelle müssen mit den notwendigen Informationen versorgt werden, wobei sich diese Informationen wesentlich von den Daten unterscheiden können, die bei den bestehenden Leitungsmethoden verwendet werden. An die neuen Daten werden außerordentlich hohe

Anforderungen in bezug auf ihre Genauigkeit, Zuverlässigkeit, Vollständigkeit sowie Rechtzeitigkeit und Gleichzeitigkeit des Eingangs gestellt;

d) es müssen ausreichende Rechenkapazitäten für die Durchführung der Optimalitätsberechnungen zu den notwendigen Terminen vorhanden sein;

e) die Leitung mittels Optimierungsmethoden wird von dem gleichen Leitungsapparat und von den gleichen Menschen durchgeführt, die in dieser Organisation arbeiten (EDVA sind nur Automatisierungsmittel). Diese Menschen sind durchaus keine universellen Forscher, die das gesamte Arsenal ökonomisch-mathematischer Methoden beherrschen und diese in den jeweiligen Situationen anwenden können. Deshalb sind klare Instruktionen erforderlich, in denen die ökonomischen Situationen klassifiziert werden, wobei jeder Situation ein eindeutig definiertes ökonomisch-mathematisches Modell und eine Lösungsmethode in Form von Standardprogrammen für die Aufstellung der erforderlichen Ausgangsdaten, die Lösung der Aufgabe und die Eintragung der Ergebnisse in Belege entsprechen;

f) das Leitungspersonal muß materiell und moralisch an der Anwendung von Methoden der optimalen Planung und Leitung interessiert werden, und die Ausführenden der Pläne und Direktiven müssen einen unmittelbaren materiellen Nutzen von der Arbeit nach einem optimalen Plan erhalten.

Somit ist ein Optimierungssystem nicht einfach ein System, in dem es ökonomisch-mathematische Modelle gibt, sondern ein System, das so projektiert ist, daß seine tägliche Anwendung in der praktischen Arbeit allseitig gesichert ist.

5. Bei einer Massenerhebung von Leitungsprozessen in Firmen der USA stellte sich allmählich heraus, daß die Angestellten bis zu 90 Prozent der Zeit auf die Suche der notwendigen Informationen und nur 10 Prozent auf die Prozesse der Entscheidungsfindung, darunter auch auf Rechenprozesse, verwenden. Es ist charakteristisch, daß die früher allgemein verbreiteten Vorstellungen über die Relationen des Zeitaufwandes diametral entgegengesetzt waren.

Man muß bemerken, daß man sich bei der Durchführung solcher Erhebungen nicht auf die Gespräche mit den Mitarbeitern oder auf Fragebogen verlassen darf. Die Beschäftigten der Leitungsorgane und der Betriebe können in der Regel keine genaue Grenze zwischen Informationen und der Entscheidungsfindung ziehen; die subjektive Bewertung hat immer eine Neigung, Prozesse der Entscheidungsfindung überzubewerten. Deshalb ist in solchen Fällen die Methode der Aufzeichnung des Arbeitstages der Mitarbeiter am effektivsten.

Zur Entwicklung des neuen Systems als logisches Informationssystem müssen in erster Linie die Informationen, die ständig in regelmäßig durchgeführten Planungsarbeiten und operativen Arbeiten verwendet werden, systematisiert und allgemein zugänglich gemacht werden. Das bedeutet nicht, daß alle möglichen Daten über betriebliche Kapazitäten, Normative usw. in einem riesigen zentralen elektronischen Speicher oder als gigantische Sammlung von Lochkarten erfaßt werden müssen. Die Informationen können dezentralisiert sein und auf verschiedenen Trägern in den Abteilungen aufbewahrt werden, dort, wo sie am häufigsten verwendet werden. Jedoch muß die Gesamtstruktur der Speicher des Systems so projektiert werden, daß bei Bedarf an irgendwelchen Nachrichten klar ist, wo und wie man diese bekommen kann. Entsprechend der Häufigkeit der Verwendung von Daten, des Charakters ihrer Verwendung (für lokale, manuelle oder mechanisierte Berechnungen in den Abteilungen oder für die integrierte Informationsverarbeitung) müssen Teilsysteme des Speichers mit unterschiedlichem Schwierigkeitsgrad und in verschiedener technischer Ausstattung (auf Kerblochkarten, auf Lochkarten, auf Magnetbändern oder einfach auf vereinheitlichten Belegen) projektiert werden. Dementsprechend müssen die Mittel zur Informationsrecherche vereinheitlicht und miteinander verbunden sein – von einfachen Informations-Recherche-„Schlüsseln" und „Sprachen" bis zu Programmen der Abfrage „durch das ganze System".

In der Arbeit der Leitungsorgane entwickelt sich ständig der Bedarf nach neuen Informationen, die in vorhandenen Berichtsdokumenten völlig fehlen. Der Bedarf an diesen Informationen entsteht mit neuen Aufgaben der Planung und Regulierung des Wirtschaftsprozesses. Besonders kraß tritt der Bedarf an neuen Informationsarten bei Versuchen mit ökonomisch-mathematischen Modellen der optimalen Planung auf. Das können Informationen über Betriebseigenschaften bestimmter

Maschinen- und Ausrüstungsklassen, über den effektiven Einsatz verschiedener Werkstoffe, über vorhandene Ersatzteile bzw. Waren am Lager sein. Die rechtzeitige Bereitstellung und Verarbeitung dieser Informationen kann nur ein speziell projektiertes Informations-Folge-System sichern.

Ein Folgesystem muß selbst die Informationen über neue volkswirtschaftliche Prozesse und Erscheinungen liefern, auf deren Grundlage neue Aufgaben entwickelt und gestellt werden. Das Folgeprogramm ist breiter als die festgelegte Informationsnomenklatur, es bringt selbst nach vorher formulierten Suchprogrammen neue Informationen hervor.

Ein System, das für ein ziemlich großes Leitungsorgan (zum Beispiel für ein Ministerium) entwickelt wird, muß Informationen über neue wissenschaftliche Entdeckungen auf diesem Gebiet, über Erfindungen und Rationalisierungsvorschläge, über eine neue Technologie und neue Organisationsformen in der Produktion und Leitung, über neue Werkstoffe und ihre Verwendungsformen usw. sammeln. Das System muß diese Informationen verarbeiten und zu festgelegten Terminen allen Abteilungen des Organs zustellen, die sie in ihrer Arbeit verwenden oder nach denen sie sich orientieren könnten.

Wenn man also die Besonderheiten des logischen Informationssystems berücksichtigt, so ist es zweckmäßig, bei den Arbeiten zur Projektierung und Einführung eines solchen Systems zwei Teilsysteme zu bilden, die selbständig entwickelt werden, die aber mit allen übrigen Teilsystemen verbunden sind – das Teilsystem „Speicher“ und das Teilsystem „Beobachtung“.

6. In jedem Leitungsorgan gibt es qualifizierte Mitarbeiter aus verschiedenen Zweigen der Volkswirtschaft, die auf ihrem Gebiet wertvolle Erfahrungen gesammelt haben. Damit diese Erfahrungen zum Allgemeingut der ganzen Organisation werden, müssen sie von einem *lernenden System* akkumuliert werden.

Ein speziell projektiertes System auf der Grundlage der elektronischen Informationsverarbeitung kann eine beliebige Menge von menschlichen Erfahrungen speichern, wenn diese in Form einer Metainformation systematisch eingegeben werden, das heißt Informationen über die Methoden und Verfahren ihrer Verarbeitung. Diese klassifizierten Erfahrungen können dann nach Abfrage an jeden Interessenten ausgegeben werden.

Obwohl die Schaffung eines solchen lernenden Systems äußerst kompliziert erscheinen mag, wird es durch ganz einfache und verständliche Mittel erreicht. Die Zahl der Standardformblätter für die Niederschrift der Metainformationen kann sehr begrenzt sein (bis zu 10). Die Formblätter selbst sind für den Menschen gut zugänglich und äußerst übersichtlich; sie sind für die Eingabe in ein elektronisches System geeignet. Es sind im wesentlichen die gleichen Mittel, die für die Ausfertigung und Analyse der Leitungsaufgaben und der Informationsflüsse verwendet werden. Zu diesen Formen gehören:

- aggregierte Netzpläne der Leitungsprozesse;
- Bewegungsschemata der Informationsflüsse im Leitungsprozeß;
- logische Blockschaltbilder für die Entscheidungsfindung, einschließlich verschiedener Abstimmungen;
- Sprache des Systems mit Beschreibung der Beziehungen zwischen den Elementen der Sprache;
- Wörterbuch des Systems zusammen mit einer Grammatik für die Bildung der Kennziffern und andere Formen der Informationsdarstellung;
- ökonomisch-mathematische Typenmodelle zusammen mit verschlüsselten „Situationserkennern" für die Situationen, in denen die jeweiligen Modelle anwendbar sind;
- typisierte und katalogisierte Algorithmen für Planberechnungen;
- Maschinenprogramme für Plan- und Operativberechnungen zur Steuerung der Planberechnungen, für die Speicherung und Erneuerung der Informationen, der Informationsanfragen u. a.

Während der Inbetriebnahme des Systems müssen alle diese metainformatorischen Niederschriften systematisch überprüft, vervollkommnet und ergänzt werden, und zwar von den Spezialisten, die in der jeweiligen Einrichtung arbeiten. Dafür muß im vorhandenen System eine Gruppe von Mitarbeitern gebildet werden, die diesen Prozeß der „Speicherung von Erfahrungen" kontrolliert und teilweise ausführt.

7. Planungs- und Wirtschaftsorgane darf man nicht als einen Mechanismus betrachten, der Tag für Tag und Jahr für Jahr die gleichen Handlungen wiederholt. In verschiedenen Zeit-

abschnitten und in Abhängigkeit von der in der Volkswirtschaft entstandenen Situation treten in den Leitungsorganen bestimmte Gruppen von Aufgaben in den Vordergrund (Entwicklung neuer Erzeugnisse, Entwicklung von Ressourcen, Aneignung der neuen Technik und Technologie). In bestimmten größeren Zeitabschnitten treten prinzipiell neue Aufgaben, die früher nicht gelöst wurden, sogenannte Zielaufgaben auf (Ausarbeitung von Perspektivplänen, Rekonstruktionsplänen usw.). Einige Leitungsorgane sind ihrem Charakter nach Systeme der Zielleitung. Der effektiven Zielleitung stehen im wesentlichen drei Hauptfaktoren im Wege:

1. Das Fehlen eines klar formulierten und ausgefeilten Mechanismus hierarchisch untereinander verbundener Ziele und entsprechender Kriterien zu ihrer Erreichung (globale und lokale Optimalitätskriterien);
2. die interne Planung, die entstandenen und gefestigten Planungsmethoden, die vorrangig vom erreichten Niveau ausgehen und das Kriterium der planmäßigen proportionalen Entwicklung anwenden;
3. die hierarchische Organisationsstruktur der ökonomischen Planungsorgane (die in der Fachliteratur als Modell der Planung und Leitung bezeichnet wird), wobei das Hauptaugenmerk auf die Unterstellungsformen und nicht auf die Verantwortlichkeit für Entscheidungen gerichtet wird.

Bei der Entwicklung eines Zielleitungssystems müssen Mechanismen geschaffen werden, mit deren Hilfe die Arbeit allmählich vervollkommnet und den Arbeitsmethoden moderner Organisationen der Zielleitung angeglichen wird.

Zuerst müssen die Prinzipien formuliert und konkrete Formen für die funktionelle Zielplanung entwickelt werden, die die Aufgliederung des Planes in eine Hierarchie untereinander verbundener Ziele mit lokalen Optima für die einzelnen Funktionen und Ebenen vorsehen. Hier ist nicht nur an die Aufstellung eines Zielbaumes, sondern auch an einen Mechanismus seiner ständigen und kontinuierlichen Erneuerung entsprechend den sich verändernden volkswirtschaftlichen Bedingungen und Aufgaben (Instruktionen und Programme) gedacht.

Ein solch kompliziertes Planungsinstrument kann man nicht mittels Anweisung in die bestehende Struktur eines ökonomischen Planungsorgans einführen. Es muß von den Mitarbeitern, die das System unmittelbar bedienen, entwickelt und systematisch erneuert werden. Dann findet der Zielbaum allmählich Eingang in die Tätigkeit des Leitungsapparates. Dafür ist nur eines erforderlich, nämlich im Prozeß der Projektierung ein ziemlich elastisches Informationssystem zu schaffen, das die Informationsflüsse unter den Abteilungen und einzelnen Mitarbeitern schnell umverteilen und die notwendigen neuen Informationsflüsse schaffen kann, wenn die Struktur des Zielbaumes verändert wird. Die Arbeit der Planungs- und Wirtschaftseinrichtungen und der Leitungsorgane der Produktion ist immer so kompliziert und vielfältig, daß in jedem zu projektierenden System alle diese wichtigsten Zielsetzungen in diesem oder jenem Maße verbunden werden müssen.

Kapitel 3

Synthese und Projektierung ökonomischer Leitungssysteme

1. Vervollkommnung der Organisationsmechanismen der Leitung

Die Analyse eines ökonomischen Leitungssystems ist der Hauptaufgabe – der Projektierung und Einführung eines neuen, vervollkommneten Leitungssystems – untergeordnet.
In der Etappe der Projektierung und Schaffung des neuen Leitungssystems muß ein Komplex wechselseitig verbundener Methoden und Mittel ausgewählt, überprüft und in Betrieb genommen werden, der in Verbindung mit den schon vorhandenen Methoden und Mitteln der Leitung eben das neue System ausmacht. Diese Methoden und Mittel unterscheiden sich in vieler Hinsicht voneinander. Zur Vervollkommnung des Leitungssystems werden in erster Linie einfache, billige und leicht zugängliche Methoden und Mittel der Leitung verwendet. Nur dann, wenn sie keine ausreichende Effektivität der Leitung sichern, geht man zu komplizierteren und teureren Systemen über.
Da es keine allgemein angewandte Klassifikation von Methoden und Mitteln der Leitung gibt, teilen wir diese bedingt in die folgenden vier Gruppen:
1. Organisationsmechanismen der Leitung – relativ einfache, billige und leicht einzuführende Komplexe von Methoden und Mitteln, die die Lösung einzelner Teilprobleme der Leitung gewährleisten.
2. Integrierte Datenverarbeitungssysteme – breit verzweigte Komplexe von Methoden und Mitteln, die mit der Rekonstruktion des gesamten Systems der Informationsverarbeitung im Leitungsorgan – auf der Basis moderner Prinzipien (gewöhnlich unter Verwendung von Lochkarten oder EDVA) – verbunden sind.
3. Ökonomisch-mathematische Methoden und Modelle – Erhöhung der wissenschaftlich ausgearbeiteten Methoden der

optimalen Planung und Leitung, die nur dann effektiv genutzt werden können, wenn ein gut projektiertes und eingespieltes Leitungssystem besteht.

4. Automatisierte Leitungssysteme – speziell projektierte, komplizierte Mensch-Maschinen-Systeme der Leitung, die gewöhnlich alle oben aufgezählten Methoden und Mittel einschließen und mit der Reorganisation des Leitungssystems selbst verbunden sind.

Um die Rolle und den Platz der jeweiligen Methoden bzw. des Mittels zur Vervollkommnung der Leitung bewerten zu können, führen wir einige charakteristische Probleme an, die bei der Leitung Schwierigkeiten machen und die auf der Grundlage der Analyse der ökonomischen Leitungsorgane aufgedeckt werden. Dazu gehören:

1. Mangel an Arbeitszeitreserven und Notwendigkeit von Überstunden. Das ist ein Ergebnis ungenügender Ausnutzung der Arbeitszeit, schlechter Arbeitsbedingungen, nicht entsprechender Spezifik der Leitungsarbeit, eines großen Arbeitsaufwandes beim Ausfüllen und Umschreiben der Belege sowie eines großen Umfanges an Rechenarbeiten.

2. Schlechte Organisation des Kommunikationssystems.

Oft gelangen diese oder jene Nachrichten wegen Verzögerung der Belege in den Abteilungen bzw. wegen der Unklarheit darüber, wem die Belege oder Nachrichten zugestellt werden müssen, nicht zu denjenigen, an die sie gerichtet sind, bzw. sie gelangen mit großer Verspätung dahin. Ein Mangel sind auch die schlechte Organisation der Kommunikationsmittel in den Einrichtungen und häufige und lange Beratungen mit geringer Effektivität. Sehr häufig fehlt die Rückkopplung, das heißt, bei der Leitung fehlen die Informationen über die Erfüllung der Anordnungen.

Die schlechte Informationsorganisation tritt auch darin zutage, daß die Leitung keine ausreichenden Informationen zur qualifizierten Entscheidungsfindung hat. Ursachen dafür sind Unklarheiten, welche Informationen gebraucht werden, Schwierigkeiten bei der Recherche der notwendigen Informationen, die Unklarheit, wem diese oder jene Nachrichten übergeben werden müssen usw.

3. Schwierigkeiten im Prozeß der Entscheidungsfindung. Die Entscheidung wichtiger und aktueller Fragen wird unzulässig

lange hinausgezögert, bzw. das Problem wird überhaupt nicht entschieden, sondern einer übergeordneten Instanz zur Entscheidung übergeben. Das geschieht wegen der ungenauen Verteilung der Kompetenz zur Entscheidung dieser oder jener Fragen. Eine andere Schwierigkeit des Abstimmungsprozesses – das Treffen von Entscheidungen durch eine Person – ist durch die Notwendigkeit bedingt, bestimmte Belege durch eine ganze Reihe anderer Leiter oder Ausführende prüfen zu müssen. In einigen Fällen ist die Entscheidung einer Frage kompliziert und erfordert die Mitarbeit einer ganzen Reihe von Spezialisten, die gleichzeitig Leiter sind.

4. Treffen von unrichtigen und uneffektiven Entscheidungen. Eine solche Situation zeugt davon, daß das Problem, das vor der Organisation insgesamt steht, nicht verstanden wird, bzw. davon, daß einzelne Leiter ihre Rolle und ihre Aufgaben bei der Lösung eines Gesamtproblems nicht verstehen. Oft wird dieser Mangel auch dadurch hervorgerufen, daß Spezialisten nicht entsprechend ihrer Ausbildung eingesetzt werden bzw. daß sie unzureichende Instruktionen darüber haben, wie sie unter bestimmten Bedingungen handeln müssen.

5. Die Widersprüchlichkeit von Entscheidungen, die von Leitern verschiedener Abteilungen bzw. anderer Sektoren getroffen werden. Gewöhnlich geschieht das weniger in Unkenntnis der einzelnen Entscheidungen, sondern vielmehr durch die Schwierigkeit des Erfassens der Folgen der getroffenen Entscheidung für den Zustand und die Struktur des Gesamtsystems (der Material-, Finanz-, Arbeitskräfte- und anderer Bilanzen des jeweiligen Betriebes oder Zweiges usw.).

6. Fehlen von Varianten in den Berechnungen.

Gewöhnlich ist die Ursache dafür Mangel an Arbeitszeit, Schwierigkeiten bei der Recherche und Verarbeitung der Belege, Mangel an Rechenkapazitäten usw.

7. Unmöglichkeit der Durchführung optimaler Planberechnungen und operativer Berechnungen, was für viele ökonomische Leitungsorgane charakteristisch ist, die nicht über speziell für dieses Ziel ausgearbeitete automatisierte Leitungssysteme (unter Einsatz von EDVA und ökonomisch-mathematischer Modelle) verfügen.

Ein breiter Komplex äußerst vielfältiger Methoden in Verbindung mit einfachen technischen Mitteln kann bei kluger und planmäßiger Einführung einen unmittelbaren Effekt – bei geringen Kosten – bringen und den Boden für die Einführung komplizierterer und weiterentwickelter Methoden und Formen der Leitung vorbereiten. Sie sind in den meisten Fällen nicht Ergebnis wissenschaftlicher Arbeiten. In ihnen ist einfach das Beste und Rationellste, was in der Praxis entstanden ist, zusammengefaßt. Man kann jedoch dafür die Bezeichnung wissenschaftlicher Arbeitsorganisation beibehalten, da in der Bezeichnung in gewissem Maße die Tatsache ihren Ausdruck findet, daß diese Methoden speziell für eine bessere Leitungsorganisation entwickelt wurden. Es wäre richtiger, diese Komplexe von Methoden und technischen Mitteln als „Organisationsmechanismen der Leitung" zu bezeichnen, da die Fragen der Organisation hier dominieren. Die technischen Mittel wie zum Beispiel Formblätter der Belege, andere Typen von Informationsträgern, Mittel der Signalisierung und Verbindung sowie die einfache Rechentechnik (Tisch-Rechenmaschinen und Fakturiermaschinen) dienen nur als Ergänzung für bestimmte Organisationsformen. Das wichtigste ist hier die Organisation der Wechselbeziehungen der Menschen im Kollektiv, die durch bestimmte Rechtsverfügungen fixiert ist, sowie speziell ausgearbeitete und genau festgelegte Arbeitsmethoden. Deshalb ist die Schaffung und Einführung bestimmter Mechanismen der Leitungsorganisation die einfachste, schnellste und billigste Methode für die Lösung vieler Leitungsprobleme.

Diese Komplexe von Methoden und Mitteln können bedingt in folgende Gruppen untergliedert werden:

Organisationsmethoden;
Methoden der Dokumentalistik;
Informations-Recherche-Systeme;
Funktionelle Systeme;
Juristische Systeme und Leitungsstrukturen.

Diese Organisationsmechanismen sind für die Lösung eines begrenzten Komplexes von Leitungssystemen bestimmt, die in den verschiedenen Organisationen auftreten. Die Wechselbeziehung dieser Mechanismen ist auf Tabelle 9 dargestellt.

Wir betrachten im folgenden die Komplexe von Methoden und Mitteln, die weit verbreitet sind und sich in der Praxis gut bewährt haben.

Tabelle 9

Leitungsprobleme	Mit welchen Organisationsmechanismen sie gelöst werden?
ABSCHNITT A	
Mangel an Arbeitszeitreserven	
1. Ungenügende Ausnutzung der Arbeitszeit	1, 2, 22
2. Schlechte Arbeitsbedingungen	2, 22
3. Überlastung in der Arbeit mit Belegen	6–9, 20, 22
4. Überlastung durch Rechenarbeiten	9, 20, 22
Ungenügende Kommunikationsmittel	
5. Ungenügende Geschwindigkeit der Weitergabe und nicht rechtzeitiges Eingehen von Informationen	6, 8, 9, 22
6. Ungenügende Massenkommunikationsmittel	2, 4, 22
7. Ungenügende Rückkopplungsinformationen	8, 15, 16, 18, 19, 22
Ungenügende Informationssicherung	
8. Nicht vollständige Informationen	8, 9, 18, 19, 22
9. Schwierigkeiten bei der Informationsrecherche	7–12, 22
10. Unklare Aggregierung der Informationen	5, 8, 11, 12, 19, 22
Schwierigkeiten beim Prozeß der Entscheidungsfindung	
11. Unklarheit bei der Festlegung von Rechten und Pflichten	17, 22
12. Schwierigkeiten in den Abstimmungsprozessen	3–5, 22
13. Schwierigkeiten bei der Annahme kollektiver Entscheidungen	3, 5, 22
Unrichtige und uneffektive Entscheidungen	
14. Unverständnis der Gesamtaufgabe der Organisation	9, 13, 14, 16, 19 22
15. Unverständnis der Wechselbeziehungen der Aufgaben	8, 13, 14, 16, 19, 22
16. Ausführende begreifen ihre Rolle nicht	8, 13, 14, 16, 19, 22
17. Unkenntnis der Methoden zur Entscheidungsfindung	12, 16, 19, 22
18. Widersprüchlichkeit der Entscheidungen in den Abteilungen wegen Fehlens einer Gesamtbilanz in der Organisation	9, 18, 22

Tabelle 9 (Fortsetzung)

Leitungsprobleme	Mit welchen Organisationsmechanismen sie gelöst werden?
19. Schwierigkeiten bei der Durchführung von Mehrvariantenrechnungen	20, 22
20. Nichtoptimalität der Entscheidungen	21, 22

Organisationsmechanismen	Welche Probleme sie entscheiden?
ABSCHNITT B	
Organisationsmethoden	
1. Reglementierung der Arbeitszeit	1
2. Organisationssysteme der Leitungsarbeit	1, 2, 6
3. Methoden der Abstimmung und Vorbereitung von Entscheidungen	12, 13
4. Methoden der Durchführung von Beratungen und der Erarbeitung kollektiver Entscheidungen	6, 13
Dokumentalistik	
5. Methoden der Projektierung des Belegumlaufes	10, 12, 13
6. Die Methode des einheitlichen Beleges	3, 5
7. Die Methode der Verschlüsselung der „Formel"	3, 9
8. Die Methode der logischen Modellierung der Belege	3, 5, 7—10, 15, 16
9. Vereinheitlichung der Belege nach Matrixmodellen	3—5, 8, 9, 14, 18
Informations-Recherche-Systeme	
10. Adressen-Informations-Systeme	9
11. Zentralisiertes „Gedächtnis" (Speicher) des Systems	9, 10
12. Lernende Systeme (Speicherung von Metainformationen)	9, 10, 17
Funktionelle Systeme	
13. Methoden der Strukturalisierung des Problems	14—16

Tabelle 9 (Fortsetzung)

Organisationsmechanismen	Welche Probleme sie entscheiden?
14. Systeme der Netzplantechnik	14–16
15. Systeme der Ausführungskontrolle	7
16. Zielsysteme	7, 14, 15, 16, 17
Juristische Systeme und Leitungsstrukturen	
17. Methoden der juristischen Sicherung	11
18. Schaffung von Gliedern zur Entscheidungsvorbereitung und Ausführungskontrolle	7, 8, 18
19. Funktionelle Zielstrukturen	7, 8, 10, 14–18
20. Integrierte Datenverarbeitungssysteme	3, 4, 18, 19
21. Ökonomisch-mathematische Methoden und Modelle	18–20
22. Automatisierte Leitungssysteme	1–20

1. *Organisationsmethoden.* Diese sind dadurch charakterisiert, daß hauptsächlich nur die Organisationsmethoden und -verfahren für bestimmte Leitungsprozesse berührt werden, wobei die Zusammensetzung der Informationen, die im Leitungsorgan verarbeitet werden, ihre Ausfertigung als Belege und die Algorithmen für die ökonomischen Planabrechnungen und die Methoden der Entscheidungsfindung von diesen Methoden unberührt bleiben. Im folgenden seien einige genannt.
In jeder beliebigen Einrichtung und jedem Betrieb gibt es eine feste Einteilung des Arbeitstages. Man hat sich an sie gewöhnt, es ist eben die „natürliche Einteilung". Wenn man jedoch die gesamten Verluste an Arbeitszeit der Mitarbeiter der jeweiligen Einrichtung oder der Leitung sowie der Besucher dieser Objekte zusammenzählt, so können sie sehr hoch sein (über 50 Prozent der gesamten Zeit). So kommt es zum Beispiel oft vor, daß der Leiter eines Sektors, den die zu einer Beratung einberufenen Mitarbeiter erwarten, im Vorzimmer eines übergeordneten Leiters aufgehalten wird, da dieser selbst zu einer Beratung berufen wurde. Die zu Beginn des Arbeitstages verletzte Einteilung kann bis zum Abend nicht mehr in Ordnung gebracht werden. Die Praxis zeigt (was jetzt auch mathematisch untersucht wird), daß die Schlange der nicht erledigten Dinge und der nicht empfangenen Besucher um so schneller wächst, je länger sie wird.

An eine Einteilung des Arbeitstages und der -woche darf man nicht übereilt herangehen. Man darf nicht versuchen, durch eine „Willensentscheidung" Ordnung zu schaffen, da die neue Ordnung schlimmer sein kann als die alte. Die Arbeitsorganisation muß im vollsten Sinne des Wortes projektiert sein; dafür sind bestimmte Ausgangsdaten erforderlich, zu deren Gewinnung eine kleine Erhebung durchgeführt werden muß.
Vor allem muß man Informationen über die faktische Verteilung der Arbeitszeit und ihre Verluste in den verschiedenen Abteilungen und auf den verschiedenen Stufen der Hierarchie erhalten. Das wird mit Hilfe der Selbstaufnahme des Arbeitstages erreicht, die durch repräsentative Erhebungen bei typischen Vertretern der Abteilungen überprüft wird.
Bei der Projektierung der Einteilung des Arbeitstages müssen folgende Umstände beachtet werden:
Der Zweck der Einteilung in einer Abteilung oder gar einer ganzen Einrichtung wird nicht erreicht, wenn die übergeordneten Organisationen oder andere Organisationen nicht teilnehmen bzw. nicht ihr Einverständnis dazu geben.
Für jeden Typ der Gesamtmaßnahmen müssen bestimmte Wochentage einheitlich in verschiedenen Instanzen bestimmt werden.
Es muß zur Pflicht und Gewohnheit werden, daß für jede beliebige Veranstaltung (Versammlung, Beratung, Empfang von Besuchern, Gespräche usw.) nicht nur der Beginn, sondern auch das Ende festgelegt werden.
Zu Beratungen in der übergeordneten Instanz, die einem bestimmten Problem gewidmet sind, müssen nicht die Leiter aller untergeordneten Abteilungen berufen werden, sondern nur die unmittelbar Ausführenden, die an diesem Problem arbeiten.
Als Muster für ein *System der Organisation der Leitungsarbeit* kann ein sog. Plantationssystem – die Methode der rationellen Organisation der Verwaltungsarbeit, die mit bestimmten Ausrüstungen der Räume, der Anordnung der Arbeitsplätze der Angestellten und der Einteilung ihrer Arbeit verbunden ist – dienen. In diesem Raum arbeitet gleichzeitig eine große Anzahl von Beschäftigten (von 20 bis zu 200 Personen); die Arbeit wird unter ständiger Kontrolle des Leiters der Abteilung bzw. seiner Stellvertreter durchgeführt;

die Leitung befindet sich im gleichen Raum mit den Beschäftigten;
alle Schreib-, Rechen- und anderen Arbeiten werden von speziellen Arbeitskräften durchgeführt;
der Abruf von Mitarbeitern, die Erfassung ihres Kommens und Gehens sowie andere Dienste werden von der Sekretärin der Abteilung durchgeführt;
alle Geräte, deren Arbeit mit Lärm verbunden ist (Schreib und Rechenmaschinen, Fernschreiber, Telefone), werden in speziellen schallisolierten Kabinen im gleichen Raum untergebracht;
im Raum ist ein einheitliches Arbeitsregime für alle eingeführt, das eine maximale Produktivität sichert;
der Empfang von Besuchern, laute Gespräche und andere Tätigkeiten, die die Mitarbeiter von der Arbeit abhalten, sind untersagt;
es ist eine allgemeine Ordnung sowie die Registratur über Kommen und Gehen festgelegt;
jeder Arbeitsplatz ist mit einheitlichen Büromöbeln und allem notwendigen Zubehör ausgestattet.
Die Einführung des Plantationssystems verfolgt folgende Ziele:

1. Rationellste Nutzung von Arbeitsräumen.
2. Schaffung von maximal günstigen und geeigneten Arbeitsbedingungen, die eine hohe Effektivität der Verwaltungsarbeit sichern.
3. Ständige Kontrolle und Aufsicht der Angestellten zur Sicherung der Disziplin und einer effektiven Nutzung der Arbeitszeit.
4. Effektivste Nutzung der Büroausrüstungen und Maschinen.
5. Annäherung der Leitung an die Beschäftigten.
6. Sicherung eines ständigen Arbeitskontaktes zwischen ihnen.

Methoden der Abstimmung und Entscheidungsvorbereitung. Gegenwärtig ist die Hauptmethode zur Abstimmung der Meinungen und zur Vorbereitung von Entscheidungen die Durchführung von Versammlungen und Beratungen. In den meisten Objekten sind diese Beratungen und Versammlungen fruchtlose Arbeitszeitverschwendung, da sie im wesentlichen nicht vorbereitet werden, nicht geleitet werden, keine klaren, bestimmten Ziele haben und die Teilnehmer uninformiert auf den

Beratungen erscheinen. Außerdem werden oft nicht die Teilnehmer zu den Beratungen herangezogen, die herangezogen werden müßten.

Auf einer gut vorbereiteten Beratung kann man in einer Stunde Dutzende komplizierter Fragen entscheiden.

Eine Versammlung oder Beratung auf einer hohen Leitungsebene muß von einem speziellen Referenten vorbereitet werden. Das ermöglicht es, viel Arbeitszeit der verantwortlichen Leiter und der qualifizierten Spezialisten einzusparen.

Der Referent führt eine spezielle Kartei der Fragen, die auf der Beratung behandelt werden sollen, bereitet ein „Referat der Beratung" vor, in dem das Problem erläutert wird, das entschieden werden muß (nicht mehr als eine Schreibmaschinenseite), und ein „Formular der Abstimmung". Er wählt die Teilnehmer der Beratung aus, und nach Bestätigung der Teilnehmerliste durch die Leitung versendet er ihnen mindestens einen Tag vor der Beratung das mit Hilfe der Bürotechnik vervielfältigte Referat und das „Formular der Abstimmung". Noch vor Beginn der Beratung können die meisten zukünftigen Teilnehmer bei persönlichen Begegnungen oder telefonisch ihre Meinung abstimmen oder wenigstens ihren Standpunkt bestimmen. Auf der Beratung antwortet der Vorsitzende auf zusätzliche Fragen zum „Referat" und befragt die Beratungsteilnehmer nach Punkten des „Abstimmungsformulars". Es werden nur die Fragen diskutiert, worüber es Meinungsverschiedenheiten gibt. Fragen, für die keine Lösung gefunden werden konnte, werden in ein spezielles Formular zur „Weiterbearbeitung" eingetragen.

Methode zur Ermittlung kollektiver Entscheidungen. Kollektive Entscheidungen werden gewöhnlich auf besonderen Beratungen ermittelt (Kollegien, Räte). Ihre Effektivität kann um das Vielfache erhöht werden, wenn man sich in den Objekten an die Durchführung der sogenannten Ideenkonferenz gewöhnt. Diese Methode ist eine weiterentwickelte Form für eine schnelle und präzise Entscheidung komplizierter administrativer, ökonomischer, wissenschaftlicher, strategischer und sogar künstlerischer Probleme sowie Probleme der Produktion. Sie ist eine strenge Form der Durchführung einer Versammlung, wo alle Meinungen zu einem genau formulierten Problem fixiert und verglichen werden. Hier sind einige Regeln für die Ideenkonferenz:

Auf einer Beratung wird nur ein Problem entschieden; dieses Problem wird präzise formuliert an eine Tafel geschrieben, und zu dem gestellten Problem äußert sich jeder, der zu der Beratung herangezogen wurde;
es wird keine Kritik zugelassen, man darf nur konstruktive Vorschläge äußern;
es werden keine einleitenden Worte, Erläuterungen und Bezugnahmen zugelassen;
konstruktive Vorschläge werden nur nach Aufforderung durch den Vorsitzenden näher begründet;
alle Meinungen werden an der Tafel in verkürzter Form fixiert;
alle Punkte, über die allgemeines Einverständnis erzielt wurde, werden als Protokoll der Beratung fixiert, das von dem Vorsitzenden und allen Teilnehmern unterschrieben wird;
alle Punkte, zu denen keine abgestimmte Meinung erzielt wurde, werden für die nachfolgende Weiterbearbeitung auf dem Arbeitsweg oder für eine spezielle Beratung fixiert.
Die Ideenkonferenz gibt die Möglichkeit, schnell und präzis die kompliziertesten Fragen zu lösen, und bringt allen Teilnehmern Befriedigung.
Zur Unterstützung der Ideenkonferenz kann der Vorsitzende einen Assistenten einsetzen, der kurz formuliert die Fragen und Vorschläge an die Tafel schreibt, sowie eine Sekretärin, die diese Fragen schriftlich festhält.
2. *Methoden der Dokumentalistik.* Es gibt eine Reihe von speziell entwickelten und in der Praxis genau überprüften Methoden, die ihren hohen Nutzen gezeigt haben und in den meisten Fällen angewandt werden können. Bei der Vereinheitlichung der Dokumentation ist man bestrebt, folgende Hauptziele zu erreichen: größtmögliche Verringerung der Anzahl der Formblätter für die Belege, Einheitlichkeit der Formblätter der Belege; gleichbleibender Inhalt der Belege; Einfachheit und Übersichtlichkeit der Belege; geeignete Formblätter für die Belege zur Nutzung verschiedener Mittel der Organisationstechnik und der Übertragung von Informationen auf Maschinenträger.
Die Methoden der Projektierung des Belegumlaufes sichern eine genaue Adressierung der Informationen entsprechend der Verteilung der Rechte und Pflichten, sie begünstigen die Kommunikation, beschleunigen die Weitergabe der Belege

(vertikal) und erleichtern die Abstimmungsprozesse (horizontal).

Die „vertikalen" Systeme des Belegumlaufes sehen eine schnelle Bewegung der Belege in den Instanzen und die Kontrolle ihres Durchlaufes und der rechtzeitigen Entscheidungsfindung vor.

„Horizontale" Systeme des Belegumlaufes erleichtern den Abstimmungsprozeß und sichern dem Leiter eine vollständige Information zur Vorbereitung einer qualifizierten Entscheidung. Nachdem der Leiter den Beleg erhalten hat, teilt er der Sekretärin mit, wessen Meinung er kennen muß. Die Sekretärin vervielfältigt den Grundgehalt des Beleges in der notwendigen Anzahl von Exemplaren auf einem Standardbeleg. Auf dem Formblatt wird das Datum für den Rücklauf angegeben. Zu einem bestimmten Zeitpunkt sammelt die Sekretärin diese Belege ein und übergibt sie dem Leiter.

Die Methode des einheitlichen Beleges wurde von der ECE der UNO zur internationalen Vereinheitlichung der Belege für den Außenhandel und für internationale Transporte ausgearbeitet. Ihre Prinzipien sind jedoch so einfach und universell, daß sie der Vereinheitlichung aller beliebigen operativen Belege, darunter auch der Belege, die in einem Werk, einer Verwaltung bzw. zwischen verschiedenen Einrichtungen zirkulieren, zugrunde gelegt werden können.

Die Ausarbeitung eines einheitlichen Beleges enthält folgende Maßnahmen:

1. Es werden genau definierte Kennziffern ausgewählt, die für die Erfüllung der jeweiligen ökonomischen Tätigkeit wirklich benötigt werden (dabei wird meist über die Hälfte der Kennziffern eliminiert).
2. Es wird ein einheitlicher Ausgangsbeleg unter Berücksichtigung der standardisierten Größe des Papiers und der standardisierten Abstände auf Schreib- und Rechenmaschinen erarbeitet.
3. Es wird ein einheitlicher Beleg für die jeweilige Arbeit zusammengestellt, das heißt, alle darin verwendeten Kennziffern werden ohne Ausnahme auf diesem Beleg (auf einem Standardbogen Schreibmaschinenpapier zum Beispiel 300 Kennziffern) untergebracht.
4. Es werden konkrete Formblätter der Belege für die einzelnen Abteilungen und Ausführenden ausgearbeitet, wobei

Tabelle 10

Abschnitt 1			Abschnitt 2											
	Produktionskosten / Verteilung der Erzeugnisse		1	2	3	4	5	6 Innerbetr. Umlauf	7	8	9 Warenproduktion	10 Insgesamte Endprod.	11	12 Bruttoprod.
1	zu produzierende Erzeugnisse und Leistungen													
2														
3														
4														
5														
6	Insgesamt (1-5)													
	Aufwand für die Produktion		Abschnitt 3					Insges. Aufwand f.d. Prod.		Abschnitt 4				Kostenvoranschlag
7	Lieferungen aus außerhalb	Rohstoff und Grundmaterial												
8		Gekaufte Zwischenprod.												
9		Hilfsmaterialien												
10		Brennstoffe u. Energie												
11	Insgesamt (7-10)													

12	Geldausgaben und neugeschaffene Werte		Amortisationen												
13			Lohn												
14			Lohnzuschlag												
15			Sonstige Zahlungen												
16			Sonstige Ausgaben												
17	Insgesamt (12-16)														
18	Gewinn														
19	Insgesamt														
20															
21	Insgesamt														

jeder nur einen „Teilfall“ des einheitlichen Beleges darstellt und jeweils nur ein gewisser Teil Kennziffern aufgenommen wird.
5. Es werden Schablonen entwickelt, mit deren Hilfe durch Lichtpause oder andere Techniken in einer beliebigen Anzahl Kopien des einheitlichen Originalbeleges hergestellt werden können.

Die Methode des einheitlichen Beleges ermöglicht es meistens, die Anzahl der Formblätter sofort erheblich zu verringern und die Herstellung der Belege vollkommen zu mechanisieren.

Die Methode der Codierung „der Formel“ sieht die Bildung von Standardserien von Sätzen vor, aus denen die beliebigen Belege bestehen.

Da jeder beliebige Beleg aus einer Standardserie von Codes der „Formeln“ besteht und von ihren „Variablen“ (Bezeichnung der konkreten Organisationen, Adressen, zahlenmäßige Kennziffern) begleitet wird, ist es möglich, ein bestimmtes Codezeichen für jedes Dokument vorzugeben und seinen konkreten Inhalt nur durch Zahlen- und Buchstaben – „Variable“ – auszudrücken.

Die Methode der „logischen Modellierung der Leitungsprozesse“ dient zur Ermittlung der Informationen, die die Leiter für die Kontrolle der Arbeit und die Vorbereitung der entsprechenden Entscheidungen und die die Ausführenden zur Durchführung der nachfolgenden Arbeit benötigen. In der Regel sind die Belege dieses Typs sehr einfach und genau und enthalten eine begrenzte Anzahl von Kennziffern, die auf die folgenden Fragen Antwort geben: Wer? Was muß getan werden? Wann? Wie? Wie verläuft die Realisierung der Arbeiten? Welche Entscheidung ist erforderlich? Wieviel Zeit ist seit Beginn der Arbeit vergangen? Wieviel ist bis zur Erfüllung des gesamten Arbeitsprogramms verblieben?

Matrixbelege. Die vierte, komplizierteste, jedoch am weitesten entwickelte Methode der Vereinheitlichung der Belege ist mit der Ausarbeitung eines ökonomisch-mathematischen Matrizenmodells des zu leitenden ökonomischen Objektes verbunden. Ein Beispiel für einen solchen vereinheitlichten Beleg ist der Betriebsplan eines Industriebetriebes in Matrizenform. (Tabelle 10)

Die Tabelle des Matrix-Betriebsplanes bzw. der zusammenfassenden Bilanz des Betriebes wird der Vereinheitlichung des gesamten Betriebsplanes zugrunde gelegt. Der vereinheitlichte Betriebsplan ist ein wechselseitig verbundenes Modell, das der Einfachheit halber in eine Reihe von Tabellen untergliedert ist, deren Anzahl in jedem beliebigen Fall 8–12 nicht übersteigt. Gemeinsam für alle Industriezweige sind folgende 6 Tabellen:

Zusammenfassende Bilanz der Produktionstätigkeit (Matrix-Betriebsplan);
Plan der Zulieferungen;
Plan der Nutzung der Produktionskapazitäten;
Arbeitskräfteplan;
Finanzplan;
Plan für organisatorisch-technische Maßnahmen.

Informations-Recherche-Systeme finden in den unterschiedlichsten Leitungsorganen immer breitere Anwendung. Sie sind für die schnelle und leichte Recherche der notwendigen Informationen und die genaue Systematisierung der neu eingehenden Informationen bestimmt. Von einem gewöhnlichen Speichersystem für Informationen unterscheidet sich das Informations-Recherche-System durch folgende Merkmale:

1. Eine spezielle Klassifikation ermöglicht es, jede neu eintreffende Nachricht eindeutig zu ordnen; der entsprechende Code gestattet es, die Arbeiten zur Verteilung der Informationen, zu ihrer Erneuerung und Recherche zu mechanisieren und zu automatisieren.
2. Die Informations-Recherche-Sprache (IRS) verwandelt alle Arbeiten, die mit der Klassifikation, Zuordnung und Recherche der Daten verbunden sind, aus „schöpferischen" Prozeduren in rein mechanische; die Daten werden auf speziellen Daten-Trägern gespeichert.

Dem Zweck nach wird das IRS in zwei Kategorien eingeteilt: Auskunfts-IRS und Erfassungs-IRS. Ersteres dient zum Austausch aller möglichen Nachschlagewerke, Preislisten, Verzeichnisse, in ihm werden die konstanten Informationen gespeichert. Letzteres ist für die Erfassung der materiellen Werte der gültigen Normen, der vorhandenen Belege bestimmt, das heißt, es registriert die Existenz und die Bewegung der verschiedenen Objekte.

Funktionelle Systeme. In allen ökonomischen Leitungsorganen existieren traditionelle funktionale Abteilungen, wie zum

Beispiel Planungsabteilung, Produktionsabteilung und andere. Einige Leitungsfunktionen werden jedoch nicht in den üblichen Leitungsstrukturen widergespiegelt. So gibt es zum Beispiel nirgends Abteilungen für Statistik, obwohl gerade mit der Erfassung und der Statistik mehr als die Hälfte der Mitarbeiter der Planungsabteilung, der Buchhaltung und einer Reihe anderer Abteilungen beschäftigt sind. In großen und komplizierten Organisationen entstehen neue Funktionen – Planung, Koordinierung und Kontrolle der Leitungsarbeit selbst. Für diese Funktionen ist die Bildung neuer Struktureinheiten im Leitungsapparat nicht vorgesehen. Damit diese Funktionen jedoch erfolgreich realisiert werden können, ist es oft notwendig, spezielle Systeme innerhalb der bestehenden Organisationsstruktur auszuarbeiten. Diese Organisationssysteme enthalten einige Arbeitsmethoden und -verfahren, die von der Leitung bestätigt werden und für alle Beschäftigten verbindlich sind. Manchmal werden in den Abteilungen für die Ausführung einer allgemeinen Kontrolle und die Durchführung einer Reihe technischer Arbeiten kleine Gruppen gebildet (zum Beispiel Gruppen für Netzplanung).

Methoden zur strukturellen Aufgliederung eines Problems. Wenn das Problem, das von einer Organisation zu lösen ist, äußerst kompliziert und verwirrend ist und wenn nicht klar ist, aus welchen Fragen es sich zusammensetzt, so wird die „Methode zur strukturellen Aufgliederung des Problems" angewandt. Sie wird dann verwendet, wenn die unterschiedlichsten Tätigkeiten aufeinandertreffen. Gewöhnlich wird die strukturelle Aufgliederung des Problems von einigen Spezialisten vorbereitet und als Graph eines *wachsenden Baumes* dargestellt. In diesem Baum bedeutet jede Verzweigung ein bestimmtes Ereignis, die Zweige sind die logischen Verbindungen zwischen diesen Ereignissen. Wenn besonders komplizierte Probleme vorliegen, so kann der Baum Tausende Ereignisse enthalten; diese werden dann auf einer elektronischen Datenverarbeitungsanlage verarbeitet.

Systeme der Netzplantechnik. Diese Systeme sind dazu bestimmt, auf der Grundlage der strukturellen Aufgliederung eines Problems einen detaillierten Plan der Leitungstätigkeit auszuarbeiten. Dabei werden nicht nur die Aufgaben der Organisation und ihrer Abteilungen, sondern auch die Aufgaben jedes einzelnen Ausführenden und die Wechselbeziehungen dieser Aufgaben untereinander fixiert. Da die Schaffung eines solchen Systems mit der ökonomisch-mathematischen Modellierung der Tätigkeit verbunden ist, wird diese Frage im § 3 dieses Kapitels behandelt.

Die wichtigsten Ergebnisse der Einführung der Netzplantechnik sind die, daß jeder Leiter und jeder Ausführende seine Aufgaben genau versteht, daß man weiß, von wem man Arbeit empfängt, wem man sie übergeben und mit wem man zusammenarbeiten muß; daß man den genauen Ablauf der Arbeiten, die Informationen kennt, die es ermöglichen, die Arbeit operativ zu leiten und die Arbeitskräfte und Ressourcen umzuverteilen. Die Systeme der Netzplantechnik können bei manueller oder mechanisierter Leitungsarbeit angewandt werden, für automatisierte Leitungssysteme jedoch sind sie eine notwendige Voraussetzung für deren Einführung.

In den meisten Objekten ist es nicht möglich, bei der großen Anzahl von Erfüllungsterminen und Ausführenden alle Belege durch übliche Methoden zu kontrollieren. Im Mitischinsker Maschinenbauwerk zum Beispiel, in dem ein spezielles System der Kontrolle von Anordnungen und Anweisungen ausgearbeitet wurde, wurden 1967 651 Anweisungen des Direktors und 209 Anordnungen für das Werk herausgegeben. Im Durchschnitt enthielt jeder Beleg 4 Ausführungstermine unter Hinzuziehung von 5 Ausführenden. Somit war es allein für innerbetriebliche Anweisungen und Anordnungen notwendig, 17200 Erfüllungen zu kontrollieren; die Gesamtzahl der Ausführungstermine, die kontrolliert werden mußten, betrug ungefähr 52000. Solche großen Mengen von Informationen erfordern den Einsatz eines speziell entwickelten Systems sowie der maschinellen Datenverarbeitung. Das mechanisierte Kontrollsystem für Anweisungen und Anordnungen sieht vor, daß alle Anweisungen, die im Werk herausgegeben werden und von übergeordneten Organisationen kommen, nach ihrer Registratur und Bezifferung in die „Gruppe für Kontrolle der Erfüllungstermine" weitergeleitet werden, die aus zwei Personen besteht. Die Belege sind vereinheitlicht, in ihnen werden genau die Personen angegeben, die für die Erfüllung jedes Punktes verantwortlich sind, sowie das Datum, wann eine bestimmte Arbeit abgeschlossen sein muß. Die Kontrollgruppe füllt für jeden Beleg eine Kontrollkarte für jeden Termin und für jeden Ausführenden aus. Parallel dazu wird ein spezielles Registraturblatt ausgefüllt, das der Rechenstation zur Lochung entsprechend vorher ausgearbeiteten Chiffren zugestellt wird. Entsprechend den Verzeichnissen der Verteilung der Belege und der Kontrollkarten werden sie den Ausführenden – den Leitern der Abteilungen – zugestellt.

An Ort und Stelle (in den Werkabteilungen oder Abteilungen) werden die Kontrollkarten in einer speziellen Kartei aufbewahrt. Die Karten werden nach Tagen des laufenden Monats oder in den Abschnitten der folgenden Monate angeordnet, die im rechten Teil der Kartei vorhanden sind. Somit sammeln sich in jedem Kästchen Kontrollkarten für die Punkte der Verfügungen an, die bis zu einem bestimmten Tag erfüllt werden müssen.

Jeden Tag legt die Sekretärin bzw. die Tabelliererin zu einer bestimmten Zeit dem Leiter der Werkabteilung oder Abteilung die Karten vor, um zu klären, ob die Maßnahmen durchgeführt wurden. Ist das geschehen, so werden die Karten vom Leiter der Abteilung bzw. Werkabteilung unterschrieben und in die Kontrollgruppe zurückgegeben, danach in die Rechenstation zur Lochung. In der Rechenstation werden die Primär- und Sekundärlochkarten sortiert und gemeinsam verarbeitet, als Ergebnis erscheint ein Tabulargramm, in dem alle nicht erfüllten Anweisungen und Anordnungen für den laufenden Tag registriert werden. Diese Tabulargramme werden zu Beginn des folgenden Tages dem Leiter auf den Tisch gelegt.

Dieses System hat einen großen psychologischen Effekt. Zum Beispiel hatte sich im ersten Monat nach der Einführung dieses Systems im Werk die Zahl der zum Termin nicht erfüllten Anordnungen auf 13 Prozent der Gesamtzahl verringert, während diese vor Einführung des Systems 70 Prozent aller Erfüllungstermine betrug.

Wenn vor einer Organisation die Aufgabe steht, ein bestimmtes Ziel zu erreichen, so werden im Rahmen der bestehenden Leitungsstruktur *viele Systeme der Leitung* gebildet. Diese „zeitweilige Organisation in der Organisation" umfaßt den Leiter, der für die Lösung der Aufgabe insgesamt verantwortlich ist, die Leiter solcher Abteilungen, die am meisten an der Lösung interessiert sind, und eine kleine Gruppe von Ausführenden (2–3 Personen). Die ausführende Gruppe erarbeitet für die Planung und Kontrolle der gestellten Aufgabe eine Reihe der eben beschriebenen Organisationsmechanismen und verwendet sie: strukturelle Untergliederung des Problems und Zielbaum, Systeme der Netzplantechnik, Kontrollsysteme für die Erfüllung und anderes.

Die Organisation der Arbeit eines solchen Systems ergibt sich unmittelbar aus dem Zielbaum der jeweiligen Aufgaben, wobei jeder Leiter für den gesamten Komplex von Arbeiten verantwortlich ist, die auf die Erreichung eines bestimmten Teilzieles gerichtet sind.

Juristische Systeme und Leitungsstrukturen. Die Organisationsstruktur der Leitung spielt für die Effektivität der Durchführung von Leitungsfunktionen eine außerordentlich große Rolle.

Die Fragen der Projektierung rationeller Organisationsstrukturen für die Leitung, die erst in jüngster Zeit entstanden sind, werden jetzt vorrangig untersucht. Mit großer Vorsicht und Genauigkeit muß man an die Umbildung der Organisationsstruktur, die Umverteilung der Rechte und Pflichten herangehen. In den meisten Fällen wurde eine Reorganisation auf der Grundlage rein intuitiver Methoden durchgeführt. Sie bestand letzten Endes in einfachen Umstellungen innerhalb der Organisationsstruktur, die in der Fachliteratur als Modell der Planung und Leitung bezeichnet wird.

Dieses Modell richtet das Hauptaugenmerk darauf, wer wem unterstellt ist und wer nicht das Recht hat, irgendwelche Entscheidungen zu treffen.

Die neue Konzeption zur Aufstellung von Organisationsstrukturen der Leitung wurde in allgemeiner Form von Akademiemitglied Trapeznikov in die Form „Sie wissen – Sie können – Sie wollen – Sie schaffen es" gebracht.

„Sie wissen": Für jede Leitungsebene und für jede Leitungsfunktion werden Ziele und Kriterien formuliert. Wenn diese verändert werden, wird das durch Instruktionen mitgeteilt.

„Sie können": Alle Leiter und Ausführenden jeder Ebene und für jede Funktion haben klar festgelegte Rechte, ökonomische und wirtschaftlich-operative Entscheidungen zu treffen. Außerdem haben sie ausreichende Ressourcen zur Verfügung, die zur Durchführung dieser Entscheidungen umverteilt werden können.

„Sie wollen": Die Leiter und Ausführenden aller Ebenen haben nicht nur das Recht, sondern sind auch verpflichtet, Entscheidungen zu dem Fragenkreis zu treffen, der in speziellen Instruktionen festgelegt ist. Außerdem sind Maßnahmen zur materiellen und moralischen Stimulierung effektiver Entscheidungen sowie Sanktionen für den Fall vorgesehen, daß keine Entscheidungen getroffen werden.

„Sie schaffen es": Die Leiter und Ausführenden aller Ebenen werden mit den notwendigen Informationen versorgt, sie haben mechanisierte und automatisierte Datenverarbeitungssysteme und die Rechentechnik zu ihrer Verfügung.

Das einfachste Mittel für die Erhöhung der Effektivität der Organisation ist die *juristische Sicherung der Leitung*. Sie sieht die Befreiung der obersten Leitungsebene von einer Reihe ihr nicht zukommender Funktionen und die Delegierung dieser Funktionen auf die Stellvertreter, die Leiter der Abteilungen und die unmittelbar Ausführenden vor. Der Leiter eines Betriebes oder einer Einrichtung muß sich mit einer Unzahl Kleinigkeiten in der Arbeit beschäftigen. Manchmal ist er physisch nicht in der Lage, alle prinzipiellen strategischen Fragen zu entscheiden. Gleichzeitig haben die Mitarbeiter, die durchaus in der Lage sind, diese Fragen qualifiziert zu entscheiden, keine Rechte, Entscheidungen zu treffen und Dokumente zu unterzeichnen. Bei der juristischen Sicherung des Leitungssystems werden die Rechte und Pflichten der Leiter und der Mitarbeiter den faktischen Möglichkeiten und der günstigsten Verarbeitung von Informationen sowie der besten Entscheidungsfindung angepaßt.

Zur Vorbereitung von Entscheidungen und zur Kontrolle der Ausführung werden bei großer Beschäftigtenzahl und vielen Tätigkeitssphären spezielle Einheiten gebildet. In der DDR wurde eine Organisationsstruktur erarbeitet, die einen *Leitungsstab* einschließt, wobei neben den gewöhnlichen funktionellen Abteilungen zwei Abteilungen vorgesehen sind: eine zur Entscheidungsvorbereitung für die oberste Leitung und eine andere zur Kontrolle der Ausführung. Dabei ist keine Erhöhung, sondern sogar eine gewisse Verringerung der Beschäftigtenzahl durch Umverteilung der Pflichten und eine

allgemeine Erhöhung der Effektivität sowie der Beweglichkeit der Leitung vorgesehen.
Ein progressives Prinzip zum Aufbau eines Leitungsapparates ist die *funktionelle Ziel- und Matrizenstruktur.* Gegenwärtig wird sie methodisch entwickelt und erprobt. Dabei erfolgt gewissermaßen eine kreuzweise Überlagerung von zwei Organisationsstrukturen: die funktionelle Struktur über der Zielstruktur bzw. die funktionelle Struktur auf der Struktur der Versorgungsabteilungen.
Außer der Tatsache, daß die Ziele und Kriterien der Tätigkeit jeder funktionellen Einheit klar formuliert werden, wird den Mitarbeitern die Annahme von Entscheidungen zu einem bestimmten Fragenkreis, die sie nach Abstimmung mit anderen funktionellen Einheiten bearbeiten, zur Pflicht. Somit ändert sich die Organisationsstruktur im Prinzip nicht. Es ändert sich jedoch das Verhältnis von Rechten und Pflichten grundlegend. Zu den Pflichten der Unterstellten gehört jetzt das Treffen von Entscheidungen (jeder entsprechend seiner Funktion), und zu den Pflichten der Leitung gehört nur die Kontrolle der rechtzeitigen Erfüllung der Verpflichtungen. Dabei geht man von der Erfahrung aus, daß ein Unterstellter in der Regel ein Spezialist auf seinem Gebiet und befähigt ist, verantwortungsvolle und qualifizierte Entscheidungen zu treffen. Ein Leiter kann und darf jedoch kein enger Spezialist sein, er muß vor allem Organisator sein; er muß das Problem insgesamt kennen und über viele Informationen verfügen.
Bekanntlich wird mit dem Wachstum des Leitungsorganes, das von einer Erweiterung seiner Organisationsstruktur begleitet wird, der Anteil der Dienstleistungs- oder Versorgungsabteilungen immer größer. Ein Mittel zur Ordnung und Verbesserung der Organisationsstruktur ist in diesem Fall die Schaffung einer sogenannten Matrixorganisation.
Die Schaffung einer solchen Organisation besteht darin, daß stark aufgesplitterte Abteilungen erneut in Einheiten von zwei Typen zusammengefaßt werden: funktionelle Einheiten und Versorgungseinheiten. Dabei haben die funktionellen Abteilungen die Pflicht, Entscheidungen vorzubereiten und die Kontrolle ihrer Erfüllung entsprechend den Hauptfunktionen der jeweiligen Leitungsorganisation zu sichern. Die Versorgungsabteilungen haben die volle Versorgung jeder

funktionellen Abteilung mit den notwendigen Informationen, den Rechenarbeiten, der Einführung ökonomisch-mathematischer Methoden und Modelle zu sichern. Die Schaffung einer „Matrixorganisation“ ist eine äußerst effektive Form, die mit einer wesentlichen Erhöhung der Effektivität der Leitung und oft mit der Möglichkeit einer gewissen Verringerung der Planstellen (jedoch in den meisten Fällen mit der Festlegung des Bedarfs an Planstellen auf einer bestimmten Ebene) verbunden ist. Dieser Effekt kann jedoch nur dann erreicht werden, wenn ein einheitliches integriertes Datenverarbeitungssystem (mechanisiert oder automatisiert) gesichert ist. Die Fragen des integrierten Datenverarbeitungssystems werden im nächsten Paragraphen behandelt.

2. *Integration und Mechanisierung der Datenverarbeitung*

Entsprechend der traditionellen Auffassung waren Produktion und Leitung zwei verschiedene Sphären. Die Untersuchungen von Produktions- und Leitungsaufgaben haben schon im Stadium der Mechanisierung gezeigt, daß sie untrennbar miteinander verbunden sind, daß die Leitungsprozesse unmittelbar den Produktionsprozessen vorausgehen und diese abschließen. Ein Produktionsprozeß kann nicht beginnen, wenn nicht vorher Leitungsmaßnahmen durchgeführt wurden (Planung, Sicherstellung und Vorbereitung der Produktion); die Ergebnisse des Produktionsprozesses können nicht zweckentsprechend verwendet werden, wenn nicht auch hier einige Leitungsaufgaben durchgeführt und abgeschlossen werden (Kontrolle, Erfassung, Handels- und Finanzaufgaben). Wenn also die Produktion genügend eingespielt und automatisiert ist und die Leitung wie eh und je auf manuellen Methoden und handwerklichen Konzeptionen beruht, so wird die Leitung zu einem Hemmnis für das gesamte Produktionssystem. Deshalb entstand die Frage nach der Vereinigung der Produktions- und Leitungsaufgaben auf der Grundlage allgemeiner Prinzipien und Methoden, wobei das Prinzip der Vereinigung der Aufgaben selbst eines der Hauptprinzipien ist. Es wurde festgestellt, daß in den Betrieben, in denen eine bestimmte Stufe der Fließproduktion und der Automatisierung der Produktion erreicht

wurde, eine weitere Mechanisierung und Automatisierung der Produktionsprozesse unmittelbar keinerlei Nutzen mehr bringen.
Somit ist die Leitung engstens mit der Produktion verflochten und bestimmt in entscheidendem Maße die Produktivität und Effektivität der Produktion. Deshalb nehmen einige moderne amerikanische Forscher an, daß die Kosten für die Leitung (Informationsverarbeitung) gegenwärtig in den USA über die Hälfte der gesamten Kosten der nationalen Wirtschaft betragen. Das darf man nicht mit einer Unrichtigkeit oder Einseitigkeit der Entwicklung der Wirtschaft erklären wollen, denn so verläuft offensichtlich die objektive Entwicklungstendenz in der gegenwärtigen Etappe.
Die Leitung von Produktions- und Wirtschaftsprozessen ist ohne Verarbeitung der gesamten Informationen als einheitliches Ganzes nicht denkbar. Dies gerät jedoch in Widerspruch zu den begrenzten Fähigkeiten des Menschen, Informationen zu verarbeiten. Es wurde festgestellt, daß die „Kapazität" des Menschen als Mechanismus für die Informationsverarbeitung im Durchschnitt 10 elementare Operationen in der Sekunde beträgt. Durch solche Faktoren wie Störungen, Ermüdung und ungenügende Organisiertheit sinkt die praktische „Kapazität" des Menschen auf 4 Operationen in der Sekunde. Dabei ist der „operative Speicher" des Menschen so aufgebaut, daß er nicht mehr als 7 Informationseinheiten gleichzeitig verarbeiten kann (Begriffe, Bilder, Zahlen). Deshalb werden umfassendere und kompliziertere Aufgaben in eine Reihe ganz einfacher Aufgaben zerlegt, die nacheinander gelöst werden. Somit führt jede beliebige Komplizierung und Differenzierung der Leitungsprozesse zur unausbleiblichen Zerstückelung der Informationsverarbeitung, zur Spezialisierung der Menschen auf einzelne Teilaufgaben, zur ständigen Aufgliederung des Leitungsprozesses, der mit einer unhaltbar großen Steigerung des Bedarfs an Leitungspersonal verbunden ist. Somit kann man gegenwärtig die Konzeption zur Mechanisierung einzelner Leitungsaufgaben nicht mehr aufrechterhalten und muß zur Integration aller Informationsverarbeitungsprozesse der Leitung als einem einheitlichen Komplex übergehen. Dabei besteht keine Notwendigkeit, die manuellen Leitungsaufgaben zu kopieren, sondern sie können gleich nach dem Prinzip der

„besten Technologie“ des Leitungsprozesses projektiert werden. Das integrierte Informationsverarbeitungssystem kann, ausgehend von den bekannten Möglichkeiten der modernen Maschinen und der Mensch-Maschine-Systeme, projektiert werden. Man kann folgende Hauptprinzipien für die Projektierung von integrierten Datenverarbeitungssystemen feststellen:

Integration der Informationsquellen;
Integration der Informationsübertragungskanäle;
Integration der Speicherung und der Recherche von Informationen;
Integration der Informationsverarbeitungsaufgaben;
Integration der Leitungsfunktionen und der Prozesse der Entscheidungsfindung.

In jedem ökonomischen Leitungssystem existiert eine große Menge unterschiedlicher ökonomischer Kennziffern. Die Mehrheit ist jedoch Ergebnis der Verarbeitung anderer Kennziffern; die Quellen der Ausgangskennziffern, der Primärdaten, sind äußerst begrenzt in bezug auf Zahl und Typ. Als Primärdaten bezeichnen wir die Daten, die das Ergebnis der unmittelbaren Messung der ökonomischen Objekte oder Prozesse sind, bzw. diejenigen, die von außen in das betrachtete Leitungssystem eingehen. Es besteht eine tiefe prinzipielle Wechselbeziehung zwischen der begrenzten Anzahl der Informationsquellen und den vielfältigen Typen von Planungs- und anderen ökonomischen Daten. In der innerbetrieblichen Planung kann man zum Beispiel vier Informationsquellen bestimmen, die ein riesiges verzweigtes Kennziffernsystem hervorbringen, das manchmal bis zu 10000 Typen enthält. In äußerst aggregierter und stilisierter Form ist diese Wechselbeziehung in Abbildung 10 dargestellt. Hier sind die Informationsquellen an den 4 Seiten der Zeichnung dargestellt; mit Rechtecken sind die Gruppen der sogenannten produktionstechnologischen Kennziffern, mit 6 Ecken die Gruppen der Kennziffern für Arbeit und Löhne, mit Kreisen die Gruppe der sogenannten ökonomischen Kennziffern bezeichnet.

Ihre Verflechtung unterstreicht, daß alle diese Kennziffern ohne gegenseitige Verbindung nicht denkbar sind. Ihre Berechnung ist ein einheitlicher Prozeß. Die erste Aufgabe der Projektierung eines rationellen Datenverarbeitungssystems ist die Ermittlung der einheitlichen gemeinsamen Primär-

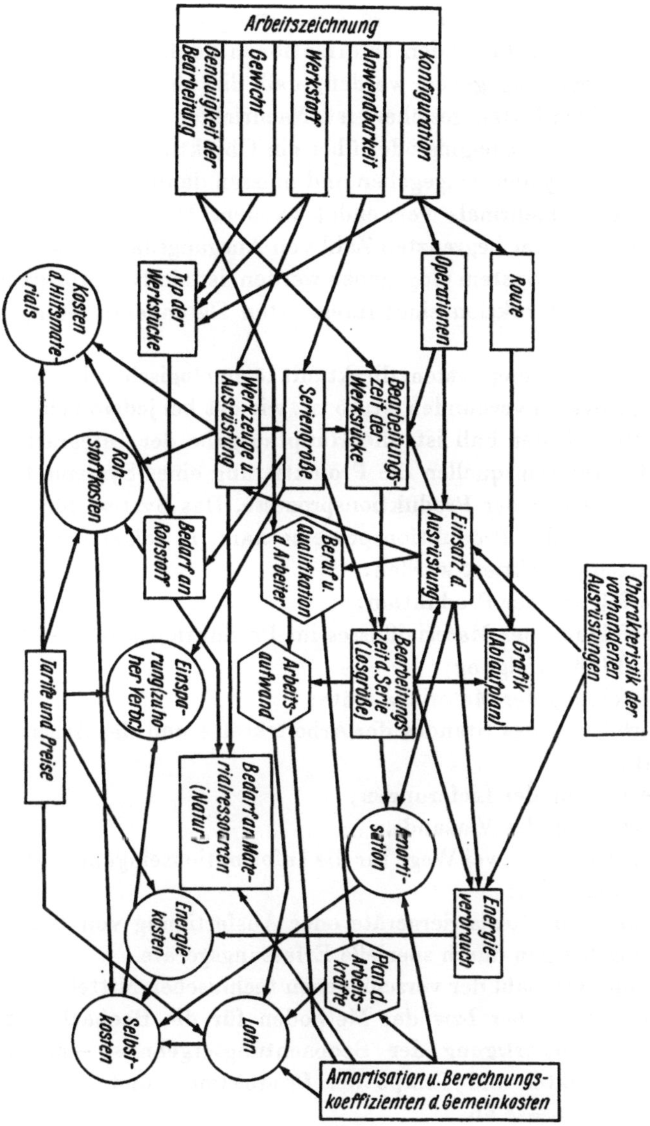

Abb. 10 Wechselbeziehung der Kennziffern der Produktionsplanung

informationsquellen und ihre Ausrüstung in der Weise, daß die in ihnen zu bildenden Informationen kontinuierlich so in das System eingegeben werden, daß die Berechnung aller notwendigen Daten gesichert ist. Nachrichten über eine Tatsache, über ein Ereignis oder über ein Objekt dürfen nur einmal in das System eingegeben und müssen dann schon an Ort und Stelle mehrmals verwendet werden. Die multilaterale Verwendung der begrenzten Zahl von Ausgangsdaten, die nur einmal in das System eingegeben werden, ist ein Hauptprinzip bei der Konstruktion eines integrierten Datenverarbeitungssystems.

Wenn das Leitungssystem direkt mit technologischen Produktionsprozessen verbunden ist, so ist, wie das bei jedem beliebigen Betrieb der Fall ist, die Hauptaufgabe der Integration der Informationsquellen die Projektierung eines Systems für die Verfolgung der Produktionsprozesse. Das System für die Verfolgung der Produktionsprozesse kann in folgenden Abschnitten projektiert werden:

Verfolgung der Produktion;

Verfolgung des Materialflusses im Produktionsprozeß – die Stoffflußverfolgung;

Verfolgung der Materialvorräte;

Verfolgung des Standes der Arbeitskräfte und des Arbeitsaufwandes;

Verfolgung der Lieferungen;

Verfolgung des Versands.

Im Prinzip sind zwei Wege für die Informationseingabe in das System möglich:

Automatische Registriergeräte oder Ausfertigung von Beobachtungsbelegen durch spezielle Erfassungsgeräte.

Die konkrete Zahl der verschiedenen technischen Mittel – der Informationsgeber bzw. der Methoden für die Beobachtung und die Ausfertigung der Beobachtungsergebnisse – hängt vom Charakter und Tempo der Produktions- und Produktionshilfsprozesse ab.

Für die Leitungsorgane, die nicht unmittelbar mit dem technologischen Prozeß verbunden sind, existieren nur äußere Informationsquellen. In diesem Fall besteht die Integrationsaufgabe in der genauen Definition aller Informationsquellen von außen und in der Ausstattung aller „Eingangsinformationen" des Systems derart, daß die eingegebenen Daten unmittelbar in ein einheitliches Formblatt umgeformt werden, das in diesem System gültig ist. Sie müssen auf die entsprechenden Träger gebracht werden, die eine Mechanisierung oder Automatisierung zur komplexen Verarbeitung dieser Daten ermöglichen.

Die Integration der Kanäle zur Bewegung der Daten bedeutet die Vereinigung aller Wege und die Umformung in homogene Informationen. In jedem Kanal werden nur primäre Ausgangsinformationen übertragen und verarbeitet. Alle in den verschiedenen Leitungseinheiten notwendigen Berechnungskennziffern werden nur auf der Ebene gebildet, wo sie gebraucht werden. In jedem Glied der Leitung wird das Minimum an Informationen weitergegeben, das für die Planung und Leitung wirklich benötigt wird. Im nächsten Glied wird die Information vergrößert und mit Hilfe spezieller Modelle und Programme aggregiert. Die Informationskanäle werden soweit wie möglich ausgerichtet, unnötige Glieder werden beseitigt. Die Schaffung einheitlicher Informationskanäle führt zur Beseitigung aller Dopplungen im Informationsfluß.

In ökonomischen Organisationen haben zwei Typen von Informationskanälen hervorragende Bedeutung:

Belegkanäle und drahtgebundene Kanäle.

Die Integration der drahtgebundenen Kanäle (in automatisierten Leitungssystemen) ist hauptsächlich mit der Ausarbeitung spezieller Instruktionen und Programme verbunden, die ein einheitliches Regime der Informationsübertragung und die Beseitigung der Mehrfach-Information sichern. Die Integration von Flüssen belegter Informationen wird gewöhnlich komplizierter durchgeführt und erfordert die Vereinheitlichung der Dokumentation, die Umgestaltung einer Reihe von Belegen, die Schaffung neuer Schemata des Belegumlaufes und der Instruktionen zur Verarbeitung der Belege. Diese Umgestaltung erfolgt auf der Grundlage der Schemata der Informationsbeziehungen der Abteilungen und der Grafiken des Bedarfs an Daten, die somit objektive Bedürfnisse an Informationen ausdrücken. In der Regel führt die Integration der Kanäle für belegte Informationen zur Beseitigung einer ganzen Reihe von Belegarten und zu einer wesentlichen Bereinigung der Schemata des Belegumlaufes. Ein Teil der Bewegungskanäle belegter Daten, die zur Überlastung neigen, kann durch drahtgebundene Verbindungskanäle ersetzt werden. Im letzteren ändert sich die Art der Belege wesentlich: Sie werden unmittelbar auf maschinellen Trägern festgehalten, wie zum Beispiel auf Lochkarten, Lochbändern, Magnetbändern. In einzelnen Fällen, wenn EDVA eingesetzt werden, kann man vollkommen auf Belege verzichten[6], wenn eine ausreichende Zuverlässigkeit der Datenübertragung gesichert ist.

Es ist offensichtlich, daß für die Lösung jeder konkreten Leitungsaufgabe Nachrichten erforderlich sind, die ihre Informationseingänge darstellen. Diese Nachrichten müssen gleichzeitig zu Beginn der Entscheidung eingehen. Deshalb ist eine Bewegung von zerstreuten Daten über die Übertragungskanäle unzulässig; es muß ein solches Regime und ein solches Tempo der Datenübertragung projektiert werden, daß die Daten dann zur Verfügung stehen, wenn sie benötigt werden.

Außerdem muß das Bewegungstempo der Informationen auf allen Abschnitten des Systems streng vergleichbar sein. Die Beschleunigung des Belegumlaufes bzw. des Regimes der Datenübertragung über einen drahtgebundenen Kanal auf einem Abschnitt ist sinnlos, wenn sich die gleichzeitig benötigten Daten auf einem anderen Abschnitt langsam bewegen.

Zur Lösung jeder Leitungsaufgabe läuft ein Teil der Nachrichten aus dem System der Beobachtung (Verfolgung) ein; der größte Teil der Nachrichten (Normative, Tarife, Preisbewertungen, Charakteristiken der Produktionskapazitäten) muß jedoch vorher bekannt sein und sich im Speicher befinden. In einem integrierten Datenverarbeitungssystem wird an Stelle von Nachschlagewerken und Karteien, die in verschiedenen Abteilungen verstreut sind, ein einheitliches Speichersystem geschaffen. Darin wird jeder Typ von Nachrichten in der Regel nur einmal eingetragen, wobei der Speicherplatz und das Verfahren zur Auffindung jedes Nachrichtentyps bestimmt und sie als spezielle Instruktionen und Programme fixiert sind. Wie schon festgestellt wurde, schließt das durchaus die

[6] Anmerkung des Herausgebers: Hier sind offensichtlich ausgedruckte Zwischenbelege gemeint, da die elektronische Datenverarbeitung selbstverständlich eine Primärdatenerfassung erfordert.

Duplierung einiger Daten nicht aus, wenn das ökonomisch gerechtfertigt und für die Gleitung zweckmäßig ist, und bedeutet nicht, daß alle Normative zum Beispiel unbedingt in einem Speicher zu finden sind. Sie können dort vorhanden sein, wo sie am häufigsten verwendet werden.

Die Integration der Informationsverarbeitungsaufgaben ist der schwierigste und wichtigste Teil der Projektierung des Datenverarbeitungssystems. Dafür müssen die bestehenden Schemata für die Bewegung der Belege, die Schemata der Informationsbeziehungen, die Wechselbeziehung der Leitungsaufgaben und des Informationsbedarfs in den Abteilungen zur Lösung jeder einzelnen Aufgabe genau und detailliert ermittelt und analysiert werden.

Da der gesamte Datenverarbeitungsprozeß in einem Objekt äußerst schwer überschaubar ist, ist es zweckmäßig, die Arbeit mit der Aufstellung integrierter Teilschemata der Datenverarbeitung für einzelne Funktionen und Abteilungen zu beginnen. In Abbildung 11 ist ein solches Teilschema für die integrierte Datenverarbeitung unter Einsatz einer EDVA zur Berechnung des Lohnes und die Bildung mehrerer miteinander verbundener Belege gezeigt.

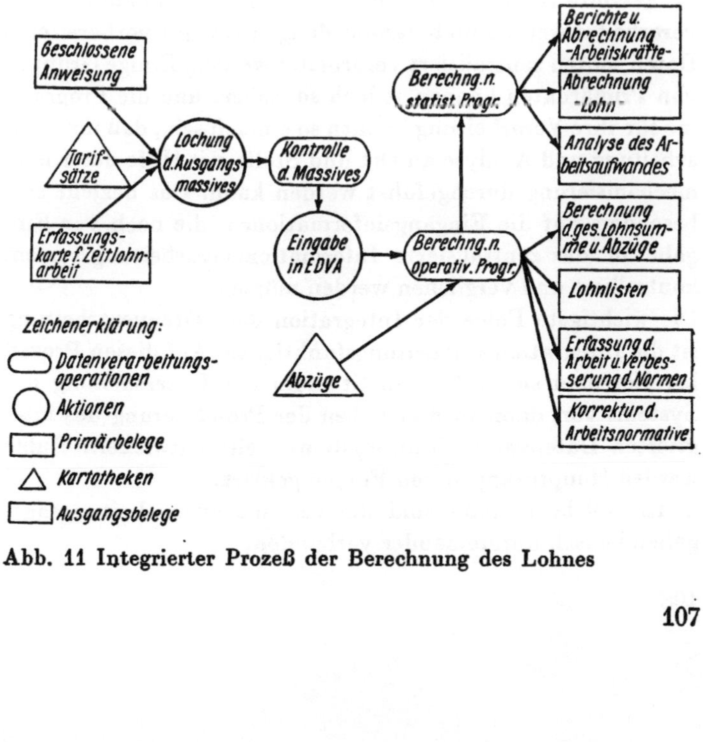

Abb. 11 Integrierter Prozeß der Berechnung des Lohnes

Jedoch ist es wegen der engen Wechselbeziehung der Leitungsfunktionen und der Verwendung der gleichen Ausgangsinformationen notwendig, zur Aufstellung eines Gesamtschemas der integrierten Datenverarbeitung überzugehen. Im Prozeß der Aufstellung eines solchen Schemas werden die Beziehungen zwischen den Teilschemata hergestellt. Es werden unnötige Blöcke beseitigt und zusätzliche Informationsverarbeitungsblöcke eingeführt, die andere Leitungsfunktionen sichern usw.

In vielen Blöcken des Datenverarbeitungssystems werden gleiche oder ähnliche Programme verwendet. Auf der Grundlage der gemeinsamen Analyse detaillierter Datenverarbeitungsschemata für einzelne Funktionen wird in einem allgemeinen Schema, das diese vereinigt, ein einheitliches Verzeichnis von Typenserien für Operationen, denen bestimmte Typenprogramme auf der EDVA oder gleichartige Kommunikationsschemata der Lochkartenmaschinen entsprechen, aufgestellt. Das ermöglicht es, sowohl das integrierte Datenverarbeitungsschema insgesamt als auch den Komplex von Programmen für Maschinenberechnungen wesentlich zu vereinfachen, mit denen diese integrierte Verarbeitung durchgeführt wird. Man darf jedoch nicht annehmen, daß in allen Fällen die gesamte Information in einem Rechenzentrum auf EDVA verarbeitet werden muß. Große Mengen von gut vorbereiteten Daten sollten zentralisiert verarbeitet werden. Einige Gruppen von Primärdaten können jedoch so isoliert und die Programme für ihre Verarbeitung können so einfach sein, daß ihre Verarbeitung und Analyse an Ort und Stelle mit Hilfe der Kleinmechanisierung durchgeführt werden kann. Das bezieht sich besonders auf die Eingangsinformationen, die noch vor Eingabe in das zentralisierte Informationsverarbeitungssystem kontrolliert und verglichen werden müssen.

Die wichtigste Folge der Integration der Datenverarbeitung ist die Integration der Leitungsfunktionen. Auf diesen Prozeß bereitet man sich schon im Stadium der Untersuchung des Systems vor, dann wird er neben der Projektierung des integrierten Datenverarbeitungssystems weiterentwickelt. Dabei werden Hauptgruppen von Fragen geklärt:

1. In welchem Maße sind die verschiedenen Leitungsaufgaben logisch untereinander verbunden;

2. Welchen Bedarf an Daten hat jede Abteilung;
3. Welche individuellen Bedürfnisse an Daten sind miteinander verbunden;
4. Wie werden auf jeder Ebene und in jeder Abteilung die erhaltenen Informationen verwendet?

Es muß unterstrichen werden, daß das System der Datenverarbeitung an sich nicht in funktionelle Teilsysteme untergliedert ist. Es gibt keine einzelnen Datenverarbeitungssysteme der Buchhaltung, der operativen Lenkung, der Planung, der Arbeit und des Lohnes usw. Das einheitliche Datenverarbeitungssystem verarbeitet gemeinsam die Informationen für alle Leitungsfunktionen und verteilt sie danach auf die Abteilungen der Organisation (technologische und ökonomische Abteilungen, Buchhaltung, Finanzabteilung und Versorgung). Dabei ist man bestrebt, ein minimales Eingreifen des Menschen in den Datenverarbeitungsprozeß zu erreichen. Die Funktionen der Entscheidung bleiben jedoch völlig den Spezialisten der Abteilungen vorbehalten.

Da jede Entscheidung über den Plan ebenso wie über operative Aufgaben unausbleiblich auch die anderen Leitungsfunktionen berührt, ist der Prozeß der Abstimmung dieser Entscheidungen eine äußerst schwierige Angelegenheit. Diese Aufgabe wird mit Hilfe des integrierten Datenverarbeitungssystems gelöst, das die Information über eine getroffene Entscheidung an alle in Wechselbeziehung stehenden Abteilungen weitergibt. Vollkommen kann diese Aufgabe nur unter Einsatz von Bilanzmodellen der jeweiligen Organisation gelöst werden. Somit erfüllt das Datenverarbeitungssystem in gewissem Maße die Funktion der Entscheidungsintegration. Das gleiche bezieht sich auch auf Informationen, die von außen eingehen. Jede beliebige Nachricht von außen, die an eine Abteilung gerichtet ist, wird – wenn sie auch die Arbeit der andern Abteilungen betrifft – mit Hilfe des Datenverarbeitungssystems auch diesen Abteilungen zugänglich gemacht.

Das integrierte Datenverarbeitungssystem gründet sich auf die allseitige Nutzung der Rückkopplungen im Leitungsprozeß. Der Einsatz von EDVA ist nicht unbedingt für die Automatisierung der Datenverarbeitung notwendig, da die gleichen Ergebnisse unter den Bedingungen der Integration auch mit Hilfe von Lochkarten und Tastaturmaschinen oder gar ohne jede Rechentechnik erzielt werden können. Die Wahl des Typs der Rechentechnik wird durch Erwägungen über den ökonomischen Nutzeffekt bestimmt, der von der Größe der Organisation, von der Kompliziertheit der Wechselbeziehungen, vom Umfang der Information und von dem notwendigen Verarbeitungstempo abhängt. Das integrierte Datenverarbeitungssystem ist durchaus kein Teil der elektronischen Datenverarbeitung, sondern umfaßt viel mehr. Elektronische Datenverarbeitung ist nur eines der möglichen Mittel zur Erreichung der Integration.

Die Verwechslung der Begriffe elektronische und integrierte Datenverarbeitung kommt dadurch zustande, daß bei großen und komplizierten Leitungssystemen die Integration praktisch ohne Einsatz elektronischer Rechenmaschinen nicht durchführbar ist.

Man kann folgende 5 Varianten für die technische Ausrüstung des Datenverarbeitungssystems nennen:

1. Rechentechnik wird nicht eingesetzt, die Integration wird nur durch Methoden der koordinierten Datenverarbeitung erreicht;
2. Analytische Rechenmaschinen werden zur komplexen Mechanisierung aller Produktions- und Leitungsrechnungen so eingesetzt, daß die Ergebnisse einer Rechnungsart, die auf Lochkarten gebracht werden, als Eingangsinformationen für die Lösung der nächsten Leitungsaufgaben dienen;
3. Eine EDVA wird für die Mechanisierung der Berechnungen so eingesetzt, daß die Lösungsergebnisse einer Aufgabe, die ausgedruckt werden, gleichzeitig im Speicher der Maschine gespeichert werden und als Eingangsinformation für die nächsten Leitungsaufgaben dienen;
4. Eine EDVA wird für die integrierte Informationsverarbeitung eingesetzt. Sie gibt nicht nur bestimmte Belege für die Leitungstätigkeit heraus, sondern berechnet auch Lösungsvarianten und gibt sie als „Tips" heraus (EDVA in der Rolle eines „Ratgebers");
5. Die EDVA berechnet neben der Datenverarbeitung Lösungen und gibt diese aus. Sie ziehen automatisch neue Prozeduren der Datenverarbeitung und der Ausarbeitung von Belegen nach sich. Der letzte Fall setzt die volle Automatisierung des Leitungsprozesses voraus. Der Mensch führt in diesem Fall

nur die Kontrolle des Systems, das automatisiert Lösungen ausgibt, durch.

Der Grad der Integration und Automatisierung des Datenverarbeitungsprozesses wird manchmal auch von den zu verwendenden Informationsträgern charakterisiert. Man unterscheidet vier Grundtypen von Informationsträgern:

1. Handgeschriebene und gedruckte Belege;
2. „Maschinenträger" von Informationen diskreten Typs (Lochkarten, Karten mit Randperforation, Magnetkarten, Mikrofotokarten und anderes);
3. „Maschinenträger" von Informationen kontinuierlichen Typs: Lochbänder, Magnetbänder, Foto- und Kinofilme und anderes;
4. Eigentliche Maschinenträger, das heißt verschiedene Speicher der EDVA (auch Ferritmatrizen, Magnettrommeln, Platten und anderes).

Somit kann der Grad der Automatisierung in einem integrierten Datenverarbeitungssystem auch in Abhängigkeit von folgenden Faktoren klassifiziert werden:

automatische Herstellung von Belegen;
automatische Herstellung von Lochträgern diskreten Typs als Belege;
automatische Herstellung von Zwischenergebnissen der Berechnungen auf kontinuierlichen Informationsträgern, die eigentlich keine Belege mehr darstellen;
völlige Beseitigung aller Belege und Zwischenträger, direkter Austausch von Informationen unter den Maschinen.

In realen integrierten Systemen der automatischen Informationsverarbeitung werden alle diese Mittel in verschiedenen Verbindungen eingesetzt; in jedem Fall werden die Endergebnisse der Berechnungen auf gedruckten Belegen ausgegeben.

Es ist natürlich, daß das integrierte Datenverarbeitungssystem schrittweise eingeführt werden kann, angefangen von der Mechanisierung einer einzelnen Gruppe von Operationen unter nachfolgender Erweiterung des Kreises der zu lösenden Aufgaben und der in den Umlauf und die Bearbeitung einbezogenen Belege. Aber eine solche etappenweise Einführung kann man erst beginnen, wenn das System der integrierten Datenverarbeitung insgesamt projektiert ist, und zwar unter Berücksichtigung der Wechselbeziehungen aller Leitungsfunktionen, der Informationsbeziehungen der Abteilungen des Leitungsorgans, der Wechselbeziehungen der Informationsflüsse, die sich in den Belegen ausdrücken. Das Projekt der integrierten Datenverarbeitung muß ausnahmslos alle Funktionen des jeweiligen Systems umfassen, die auf Grund der Untersuchung der Organisation und der von ihr zu lösenden Aufgaben und ihrer Datenflüsse ermittelt werden.

An das integrierte Datenverarbeitungssystem wird eine Reihe spezieller Anforderungen gestellt. Das System der integrierten Verarbeitung muß folgendes gewährleisten:

kontinuierliches Funktionieren bei maximaler Belastung;

zu planende oder vorgesehene Steigerung der Belastung in der Zukunft;

Möglichkeit der Einbeziehung neuer Produktions- und auch Leitungsabteilungen im jeweiligen System ohne Verletzung der Funktionsweise des schon bestehenden Systems;

Einbeziehung neuer Maschinen und Ausrüstungen, die in Zukunft entwickelt werden können, ebenfalls ohne Verletzung der Prinzipien der Funktionsweise des Systems und seiner Grundstrukturschemata;

Einbeziehung neuer Methoden in dem Maße, wie sie entwickelt und erprobt werden.

Das integrierte Datenverarbeitungssystem ist die Grundlage für die nachfolgende Schaffung eines automatisierten Systems der wissenschaftlichen Leitung. Im letzteren sind die Prozesse der Datenverarbeitung untereinander verbunden, und die Leitungsaufgaben sind als ökonomisch-mathematische Modelle der wissenschaftlichen Leitung, die untereinander sowohl durch Informationskanäle als auch durch einen Komplex von Zielfunktionen und Kriterien verbunden sind, dargestellt.

3. *Anwendung von ökonomisch-mathematischen Methoden und Modellen*

„Die Mathematik ist eine Sprache." Diese Äußerung wird vielen berühmten Mathematikern zugeschrieben. Jedoch ist die Mathematik eine ganz besondere Sprache, mit der man ein Objekt oder eine Erscheinung nicht in ihrer ganzen Vielfalt

beschreiben kann; man kann nur die quantitativen Wechselbeziehungen in dem Objekt oder in der Erscheinung ausdrücken. Mit Hilfe der Mathematik wird nicht das Objekt selbst unmittelbar beschrieben, sondern sein aufgestelltes formuliertes System, d. h. das, was der Beobachter zur Lösung der Aufgabe dieses Objektes braucht. *Die Fixierung von Eigenschaften und Wechselbeziehungen eines Objektes in der mathematischen Sprache wird als mathematisches Modell bezeichnet.* Wenn dabei ein ökonomisches Objekt beschrieben wird, das heißt, wenn eine Aufgabe der ökonomischen, oder genauer gesagt, der volkswirtschaftlichen Leitung gelöst wird, so wird das Modell als ökonomisch-mathematisches Modell bezeichnet. Die mathematischen Methoden für die Lösung von Aufgaben der ökonomischen Leitung (und nicht nur der ökonomischen), die Kunst und die Methodik für die Aufstellung und den Einsatz dieser Modelle nennt man auch *Operationsforschung*.
Wenn man von konkreten Lösungsmethoden für einzelne Aufgaben der ökonomischen Leitung spricht, so drängt sich die Schlußfolgerung auf, daß es deren unzählige gibt, da ihre Anzahl durch die Anzahl von Typen ökonomischer Objekte, von Typen von Leitungsaufgaben und von Methoden ihrer mathematischen Beschreibung bestimmt wird.
Diese Lösungsmethoden wachsen ständig an. Die Wechselbeziehung dieser 4 Kategorien ist äußerst bedingt:

Für ein ökonomisches Objekt können unterschiedliche Leitungsaufgaben durchgeführt werden.

Gleichzeitig können gleiche Leitungsoperationen bei verschiedenen Objekten durchgeführt werden.

Die mathematischen Sprachen sind im gewissen Grad untereinander austauschbar, das heißt, das gleiche ökonomische System kann mit Hilfe verschiedener mathematischer Mittel beschrieben werden. In Abhängigkeit von der Organisation des Rechen- und Leitungsprozesses, von der vorhandenen Technik, der erforderlichen Genauigkeit und Schnelligkeit der Lösung können unterschiedliche Rechenmethoden für gleiche Modelle angewandt werden. Um also die ökonomisch-mathematischen Methoden zu systematisieren, muß man eine Klassifikation mit vielen Aspekten vornehmen, die diese Methoden unter verschiedenen Gesichtspunkten charakterisiert. Zwischen der realen ökonomischen Wirklichkeit und einer Methode für die Lösung eines mathematischen Modells besteht eine tiefe Kluft. Es gelingt nur, die mathematische Genauigkeit zu erreichen, wenn man das zu modellierende ökonomische Objekt stark abstrahiert. Ökonomische Objekte oder Erscheinungen sind immer konkret, schwer definierbar und oft nicht meßbar; sie schließen eine große Menge von Elementen und Beziehungen zwischen diesen ein. Ein mathematisches Modell ist abstrakt, es setzt voraus, daß alle Elemente und deren Beziehungen bekannt und meßbar sind. Außerdem muß ein mathematisches Modell einfach sein, um eine zahlenmäßige Lösung zu ermöglichen (vom Standpunkt des existierenden mathematischen Apparates und der vorhandenen Zahlenmethoden für die Lösung aus). Die Zahl der Elemente des Systems und die ihrer Beziehungen muß begrenzt sein.

Deshalb sind einige Übergangsglieder (ausgehend von der Beschreibung einer ökonomischen Erscheinung oder eines Objektes in der natürlichen Sprache bis zu ihrer mathematischen Modellierung) notwendig. In diesem Prozeß muß die Genauigkeit der Zwischenmodelle im wesentlichen gesichert sein, und sie dürfen von der Wirklichkeit nur unbedeutend abweichen.

Somit muß unserer Meinung nach ein Wirtschaftsfunktionär, Ingenieur oder Ökonom, um den Spezialisten zur Ausarbeitung der mathematischen Grundlagen des Leitungssystems die Aufgaben richtig stellen zu können, das Problem der ökonomischen Leitung, das vor ihm steht, auch einschätzen, klassifizieren und die dazu entsprechende Klasse mathematischer Methoden zur Beschreibung und Lösung auswählen können. Dazu braucht er nur die wichtigsten Klassen ökonomisch-mathematischer Modelle und ihre Möglichkeiten und Grenzen zu kennen; er muß die Methode für die Klassifizierung von Systemen und Modellen beherrschen und ein konkretes Modell in einer konkreten Situation anwenden können. Der gegenwärtig vorhandene mathematische Apparat zur Modellierung und Lösung ökonomischer Aufgaben ist ziemlich weit entwickelt, und in den meisten Fällen kann man vorhandene Modelle und Programme anwenden.

Bei der Projektierung ökonomischer Systeme ist es wichtig, eine fertige Lösung und eine ausgefeilte Technologie zu ihrer Anwendung zu finden und nur in dem Falle neue zu schaffen, wenn noch keine entsprechenden existieren.

Wie wir schon sagten, sind außerordentlich viele konkrete ökonomisch-mathematische Modelle entwickelt worden, eine Übersicht über diese Modelle würde eine ganze Enzyklopädie füllen. Allein für eine Unterart von Matrizenmodellen – den Verflechtungsbilanzen – zählt die Bibliographfie über 10000 Bezeichnungen. Nicht geringer ist die Anzahl der Publikationen zu einer Teilmethode für die Lösung von Optimierungsaufgaben, der linearen Optimierung. Deshalb können wir hier nur sehr kurz auf die Charakteristik einiger der am meisten angewandten Modelle und Methoden eingehen.

Der am weitesten verbreitete Typ ökonomisch-mathematischer Bilanzmodelle sind die *Matrizenmodelle*, in denen die Struktur der Kosten für die Produktion und die Verteilung der Erzeugnisse sowie der neugeschaffene Wert widergespiegelt werden. Die Einfachheit der Form und die Universalität der Algorithmen der Bilanz-Normativ-Berechnungen nach den Matrizenmodellen ermöglichen es, sie für einen breiten Kreis von ökonomischen Arbeiten einzusetzen, wie zum Beispiel zur Mechanisierung der Planberechnungen, für die Organisation der Normativwirtschaft, die Vereinheitlichung der Belege und die Verringerung des Belegumlaufes, die Organisation der wirtschaftlichen Rechnungsführung und der ökonomischen Analyse. Matrizenmodelle werden auf verschiedenen Ebenen – in Betrieben, in den Zweigen und in Wirtschaftsgebieten – angewandt. Auf der Ebene einer Unionsrepublik oder der Volkswirtschaft des Landes werden die Matrizenmodelle als Verflechtungsbilanzen verwendet.

Ein Matrizenmodell, dessen Schema in Abbildung 12 dargestellt ist, hat die Form einer rechteckigen Tabelle, die in Zahlen die ökonomischen Wechselbeziehungen und die Beziehungen der Produktion innerhalb des Objektes sowie mit der Umwelt darstellt. In einem Matrizenmodell werden durch gegenseitige überkreuzte Überdeckung die Bilanzen des Produktionsaufwandes (in den Spalten) und die Bilanzen der Verteilung der Ressourcen (in den Zeilen) untergebracht. Die Überschriften der Zeilen und Spalten charakterisieren die Arten der produktiven und ökonomischen Tätigkeit und die Kennziffern an ihren Schnittpunkten die Beziehungen zwischen ihnen: das Objekt der Kosten (in den Spalten) und die Menge der zu liefernden Ressourcen (in den Teilen). Das Matrizenmodell wird in vier Quadranten (Viertel) eingeteilt, wobei im ersten Quadranten gewöhnlich die innerbetrieblichen Beziehungen des zu modellierenden ökonomischen Modells dargestellt werden; im zweiten Quadranten sind es die Ergebnisse der produktiven Tätigkeit (Ausgang des Modells); im dritten Quadranten die primären Kosten der Ressourcen, die in das System von außen eingehen (Eingang des Modells); im vierten die Prozesse der Umverteilung innerhalb des Systems. Die Zeilen und Spalten des ersten Quadranten tragen immer die gleichen Bezeichnungen; er hat außerdem die Form einer quadratischen Tabelle. In einigen Fällen werden an das Matrizenmodell sogenannte Flügel angeschlossen; das sind zusätzliche Abschnitte, wie Lieferanten (linker Flügel), Verbraucher (rechter Flügel), Aufwand an Arbeitskraft (oberer Flügel) und Verwendung der Grundfonds (unterer Flügel), die die Ressourcen charakterisieren.

Die Grundregel der Matrizenmodellierung besteht in der unbedingten Gleichheit der Ergebnisse der Zeilen und Spalten, was durch die Gleichung ausgedrückt wird:

$$\sum_{i=1}^{n} x_{ij} + y_i = \sum_{j=1}^{n} x_{ij} + (v_j + z_j).$$

$$i = 1,2,\ldots,n$$
$$j = 1,2,\ldots,n,$$

wobei i die Nummer der Spalte, j die Nummer der Zeile bedeutet (weitere Bezeichnungen siehe Abbildung 12).

Vom ökonomischen Standpunkt aus kann dieser Ausdruck als Wertgleichung interpretiert werden: Der Wert der verteilten und akkumulierten Güter und Leistungen ist gleich dem Wert des Produktionsaufwandes und dem geschaffenen Wert. Physisch drückt die Gleichung das Gesetz des Flusses, darunter des Produktionsflusses, aus. Das macht es möglich, die Matrizenmodelle für die Modellierung einer breiten Klasse ökonomischer Objekte, Produktions-, Informations- und anderer Objekte, zu verwenden, wobei die Grundgleichung des Matrizenmodells und eine ganze Reihe daraus entstehender Gleichungen die objektiven Gesetzmäßigkeiten der Prozesse der Produktion, der Verteilung usw. widerspiegeln.

Ein Matrizenmodell vereinigt alle wichtigen Mittel zum Ausdruck ökonomischer Informationen:

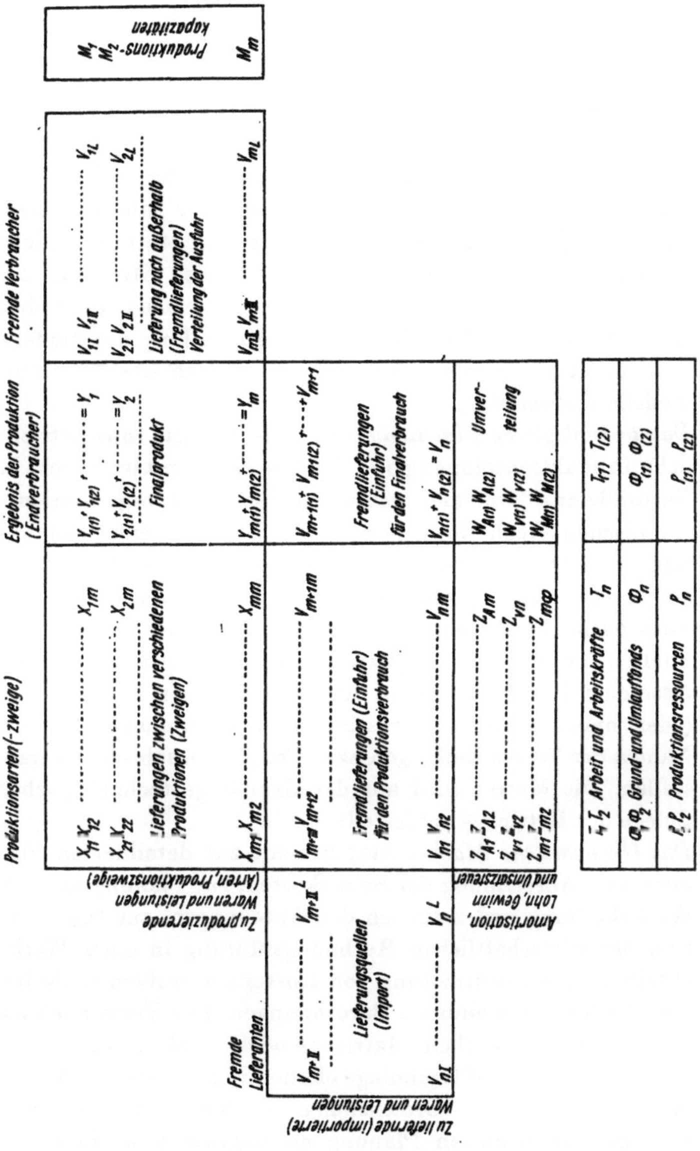

Abb. 12 Prinzipielles Schema eines Matrixmodells für ein ökonomisches Objekt

Bezeichnungen der Positionen einer Tabelle;
Zahlenwerte;
mathematische Gleichungen;
Sprachen;
räumliche Anordnung der Kennziffern.

Somit enthält ein Matrizenmodell in kompakter und verbundener Form eine große Menge ökonomischer Informationen. In Abhängigkeit von der Zielstellung des Matrizenmodells werden unterschiedliche Modifikationen der Struktur, der Maßeinheit und der Werte der konkreten Positionen verwendet. Auch werden die Methoden für die Aufstellung des Modells variiert. Am weitesten sind folgende Typen des Matrizenmodells verbreitet:

Das technologische Matrizenmodell, das für die innerbetriebliche Produktionsplanung und Analyse bestimmt ist, drückt in Naturalkennziffern die technologischen und organisationstechnischen Wechselbeziehungen der Elemente eines Produktionssystems aus. Das technologische Matrizenmodell stellt eine große Tabelle (von einigen 100 bis zu einigen tausend Positionen) dar, wobei die Überschriften der Zeilen und Spalten des ersten Quadranten die Bezeichnungen der Erzeugnisse oder Baugruppen bzw. der Komplexe von Erzeugnissen (oder anderer Arbeitsgegenstände) in Verbindung mit den Namen der Werkabteilungen bzw. Produktionsabschnitte darstellen. Die Matrix wird auf der Grundlage technologischer Belege des Betriebes aufgestellt.

Das Ökonomische Matrizenmodell dient zur detaillierten Planung und Abrechnung der Selbstkosten, zur Planung in einer Werkabteilung und zwischen den Abteilungen, zur Organisation der wirtschaftlichen Rechnungsführung in einer Werkabteilung, zur Ausarbeitung von Kostennormativen sowie für verschiedene ökonomische Berechnungen. Der Form nach ist es dem technologischen Matrizenmodell ähnlich, es drückt jedoch den Wert auf Grundlage ökonomischer Belege aus.

Wegen ihrer großen Dimensionen werden Matrizenmodelle zur innerbetrieblichen Planung gewöhnlich nicht in Form von Tabellen dargestellt, sondern ihre Informationen werden auf Lochkarten gespeichert, die für mechanisierte Berechnungen auf Lochkartenmaschinen oder EDVA verwendet werden.

Ein Matrizenbetriebsplan stellt ein aggregiertes Matrizenmodell des Betriebes mit einigen Dutzend Positionen dar, wobei Zeilen und Spalten die Bezeichnungen der Waren und Leistungen, die von dem Betrieb produziert und verbraucht werden, sowie der Hilfsproduktionen, Leistungen und Arten der ökonomischen Tätigkeit des Betriebes darstellen. Der Matrizenbetriebsplan erfüllt die gleichen Funktionen wie der technische Betriebsplan, hat jedoch gegenüber dem letzteren große Vorzüge. Die gleichen Informationen werden in komprimierter und untereinander verbundener Form ausgedrückt, was sich günstig auf manuelle und mechanisierte Berechnungen auswirkt (die Zahl der Kennziffern verringert sich um das Vielfache). Das ermöglicht es, die Zeit für die ökonomischen Berechnungen des technischen Betriebsplanes um ein Vielfaches zu verkürzen. Die durch einige entschlüsselte Tabellen ergänzte zusammenfassende Matrizenbilanz des Betriebes ist ein vervollkommneter Typ eines vereinheitlichten Planungs- und Abrechnungsbeleges.
Matrizenmodelle werden auch zur Modellierung von Produktionsbeziehungen und ökonomischen Beziehungen in ökonomischen Systemen übergeordneter Glieder der Volkswirtschaft des Landes eingesetzt (Produktionsvereinigungen, Zweige, Ministerien oder Ämter, Republiken). Auf diesen Ebenen können sie folgendermaßen aufgestellt werden: als Verflechtungsbilanzen, die die Wechselbeziehungen der Produktion und der Ökonomie unter den sogenannten reinen Zweigen, die durch Warengruppen repräsentiert werden (unabhängig vom Standort ihrer Produktion), darstellen; als Verflechtungsbilanzen der Gebiete, die die territorialen Produktionsbeziehungen widerspiegeln; als unterschiedliche „institutionelle Bilanzen", die die gegenseitigen Lieferungen und die ökonomischen Wechselbeziehungen der einzelnen Betriebe, Vereinigungen und Ämter darstellen, sowie als gemischte Bilanzen.
Bei der Untersuchung von Leitungsprozessen zur Entwicklung komplexer Schemata für die mechanisierte Datenverarbeitung und die Rationalisierung der Informationsflüsse wird ein bestimmter Typ der Matrizenmodelle, die sogenannten Informationsmatrizen (siehe Abbildung 6), angewandt.
Die Matrizenmodelle der einzelnen Objekte können in einem einheitlichen System gleichartiger Modelle für aufeinander-

folgende Glieder ökonomischer Systeme gekoppelt werden. Ein technologisches Matrizenmodell für die innerbetriebliche Leitung wird in ein ökonomisches Modell durch Multiplikation aller Teilelemente mit dem Preis der entsprechenden Ressourcen verwandelt und umgekehrt. Durch Teilung jedes Elementes einer Spalte – sowohl einer technologischen als auch einer ökonomischen Matrix – durch das Gesamtergebnis der entsprechenden Zeile wird die Matrix der Volumenkennziffern in eine Normativmatrix verwandelt, die die Normativwirtschaft des Betriebes widerspiegelt. Die Umformung sowohl einer ökonomischen als auch einer technologischen Matrix in einen Matrizenbetriebsplan wird durch Vereinigung und Aggregation ihrer Kennziffern erreicht. Mit Hilfe der proportionalen Aufteilung der Kosten auf die Hilfsproduktion wird der Matrizenbetriebsplan in eine neue Form verwandelt, die die komplexen Kosten für die Endproduktion zum Ausdruck bringt. Diese Wechselbeziehung der Matrizenmodelle des Betriebes ist in Abbildung 13 dargestellt.

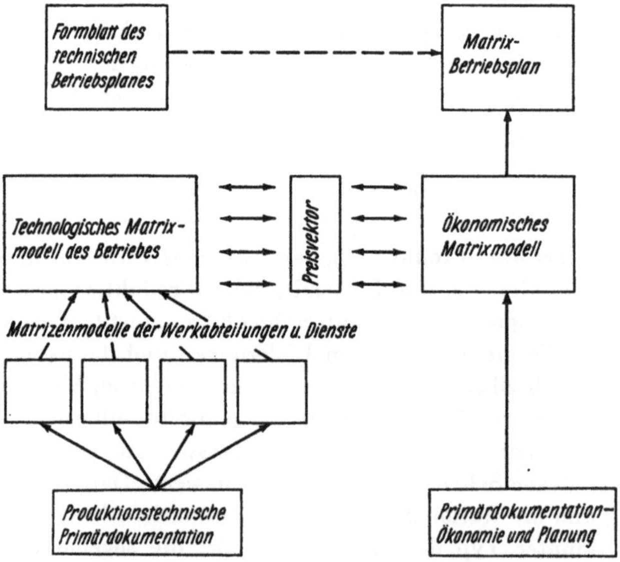

Abb. 13 Schema eines Systems von Matrizenmodellen eines Maschinenneubaubetriebes

Jede beliebige Form des Matrizenbetriebsplanes kann zur Grundlage für die Aufstellung eines Modellsystems der übergeordneten Glieder werden. Die Vereinigung der Matrizen der Betriebe gewährleistet den Aufbau von Matrizen von Produktionsvereinigungen, Trusts und Hauptverwaltungen, die Summierung der letzteren ergibt die Aufstellung von Matrizenmodellen der Zweige, der Wirtschaftsgebiete. Im Ergebnis der Vereinigung dieser Matrizenmodelle werden Verflechtungsbilanzen der Unionsrepubliken und des Landes unter verschiedenen Aspekten aufgestellt: „Reine Zweige“, Gebiete und Ämter. Ähnliche Bilanzen wurden in einer Reihe von Unionsrepubliken und autonomen Republiken erarbeitet.

Der Übergang von Matrizenmodellen der verschiedenen Glieder wird mit Hilfe der sogenannten Variantenmatrizen durchgeführt, die ebenfalls rechteckige Tabellen sind, jedoch nach einem anderen Merkmal aufgebaut werden: Die Zeilen widerspiegeln die Kostenpositionen für die Produktion eines bestimmten Erzeugnisses und die Spalten die Bezeichnungen der Betriebe, Zweige, Gebiete, Ämter, in denen diese Erzeugnisse produziert werden. Im wesentlichen sind die Variantenmatrizen gruppierte Kostenspalten für gleichartige Produkte, die den jeweiligen Matrizen entnommen werden. Die Ergebnisspalte der Variantenmatrix gibt die durchschnittlichen Kostennormative für die Produktion dieses Erzeugnisses im Zweig bzw. im Gebiet an. Die Variantenmatrizen sind ein wichtiges Instrument der zwischenbetrieblichen Analyse und der optimalen Planberechnungen.

Matrizenmodelle werden bei der Weiterentwicklung von Methoden der Leitung und Planung in verschiedenen Gliedern der Volkswirtschaft in umfangreichem Maße angewandt. Sie werden eingesetzt:

- zur Organisation großer Mengen technisch-ökonomischer und ökonomischer Informationen, zur Entwicklung von automatisierten Leitungssystemen in verschiedenen Gliedern der Volkswirtschaft;
- zur Systematisierung der Normativwirtschaft, zur systematischen Berechnung der gewichteten Normative;
- zur Kontrolle der Glaubwürdigkeit und Vergleichbarkeit der technologischen und ökonomischen Informationen;

- zur Vereinheitlichung der ökonomischen Planberechnungen und der Berichtsbelege;
- zur ökonomischen Analyse;
- zur Entwicklung eines mechanisierten Systems von Verflechtungsbilanzen;
- zur Vereinheitlichung und Forcierung der manuellen Planberechnungen und der ökonomischen Berechnungen;
- zur Analyse der Informationsflüsse und zur Ausarbeitung von integrierten Datenverarbeitungsschemata.

Graphisch-analytische Methoden (darunter auch Modelle der Netzplantechnik) sind der am weitesten verbreitete Typ ökonomisch-mathematischer Leitungsmodelle. Viele Aufgaben der ökonomischen Leitung, darunter auch das Problem der Organisation des ökonomischen Leitungsprozesses selbst, sind mit der Notwendigkeit verbunden, eine logische Wechselbeziehung zu finden und eine äußerst große Menge verschiedenartiger Arbeiten, die insgesamt der Erreichung eines gemeinsamen Zieles dienen, auf Zeit und Raum sowie auf konkrete Ausführende aufzuteilen. Die Verschiedenartigkeit und Kompliziertheit dieser Arbeiten sowie das Fehlen von zuverlässigen Informationen darüber führen zu der Notwendigkeit, ein einfaches, universelles Instrument für ihre Klassifizierung, Analyse und Planung zu schaffen. Ein solches Instrument sind die Graphen mit einem Komplex von neuen Begriffen, speziellen Regeln für ihre Anwendung und Prozeduren für die Bearbeitung der Maschinenprogramme. Graphenanalytische Methoden, darunter auch Netzplanmethoden, werden hauptsächlich für Aufgaben verwendet, die durch folgende Bedingungen charakterisiert werden:

Das Gesamtziel des Komplexes von untereinander verbundenen Arbeiten ist mehr oder weniger klar formuliert; die Erreichung dieses Zieles kann klar erkannt werden (zum Beispiel die Schaffung eines neuen Erzeugnisses, eines neuen Systems, neuer Informationen – zum Beispiel des Planes). Die Erreichung dieses Zieles ist in einem gewissen Grad mit Unbestimmtheit (wegen fehlender Normative, fehlender Erfahrungen in der Arbeit usw.) verbunden; im Prozeß zur Erreichung dieses Zieles können Veränderungen in der Richtung der Arbeiten, in ihren Wechselbeziehungen, in der Höhe des Zeitaufwandes oder des Aufwandes an Ressourcen vor sich gehen.

Netzplanmethoden sind in erster Linie eine bestimmte Disziplin der Planung. Es wird eine begrenzte Anzahl von genau definierten Begriffen eingeführt, die untereinander verbunden sind, wobei jeder Begriff eine streng definierte Symbolik und genaue Charakteristika hat. Solche Begriffe sind zum Beispiel:

Vorgang (jeder Arbeitsprozeß, der mit Zeitaufwand und Verbrauch von Ressourcen verbunden ist und ein Endziel hat),

Knoten (Ergebnis der Arbeit),

Weg (Reihenfolge der Arbeiten und Ereignisse zur Erreichung des Endzieles),

Kritischer Weg (Weg, der die minimale Gesamtzeit zur Erreichung der Ziele bestimmt),

Zeitliche Bewertungen der Arbeiten;

Bewertungen des Aufwandes an Ressourcen für die Arbeit;

Zeitliche Verschiebungen und eine Reihe anderer Angaben.

An Stelle dieser Begriffe finden wir eine große Menge von mangelhaft definierten und schwach untereinander verbundenen, spontan entstandenen Begriffen und Termini, mit deren Hilfe gegenwärtig die Planungs- und Projektierungsarbeiten durchgeführt werden. Der gesamte Komplex von untereinander verbundenen Vorgängen und Knoten wird gewöhnlich als Projekt bezeichnet, da die Methode anfangs hauptsächlich für die Organisation von Projektierungsarbeiten und für die Leitung dieser Arbeiten bestimmt war.

Ein Netzplan ist auch ein Mittel zur anschaulichen Darstellung von Informationen für die Leitung und die Ausführenden, zum besseren Verständnis der Ziele des ganzen Projektes und der Aufgabe jedes einzelnen Ausführenden.

Die Netzplanmodellierung ist eine Methode der Planung unter den Bedingungen der Indeterminiertheit, wenn eine genaue Vorstellung über die Wechselbeziehung der zukünftigen Arbeiten fehlt und es keine Normative für den Aufwand zu ihrer Realisierung gibt, die durch ein logisches Schema und Expertenbewertungen ersetzt werden, welche nach einer streng definierten Methodik eingeholt werden.

Netzpläne werden auch zur Prognostizierung der zukünftigen möglichen Probleme und der Entwicklungsrichtung von Arbeiten verwendet.

Die Arbeit zur Aufstellung und Nutzung eines Netzplans umschließt folgende Etappen:

1. Strukturelle Untergliederung des Problems bis zu elementaren Ereignissen;
2. Aufstellung eines Netzes, das die Wechselbeziehungen der Arbeiten zur Erreichung des gestellten Zieles darstellt;
3. Bewertung des Aufwandes an Zeit, Arbeit, Material und Finanzressourcen für die Durchführung jeder Arbeit;
4. Analyse des Netzes und Aufstellung des „besten" operativen Planes der Vorgänge unter Umverteilung der Ressourcen;
5. Kontrolle der Realisierung des Netzplans und Korrektur.

Auf der Grundlage der ermittelten Wechselbeziehung der Vorgänge werden diese im Netzplan angeordnet und untereinander nach bestimmten Regeln verbunden. In den meisten Varianten für Netzpläne werden die Ereignisse (Knoten), denen ein bestimmtes Kalenderdatum für den Abschluß und die Verantwortlichkeit bestimmter Ausführender zugeordnet werden, mit Kreisen bezeichnet, und mit Pfeilen werden die Vorgänge dargestellt, die durch Dauer, Aufwand an Arbeit, Finanzen und anderen Ressourcen charakterisiert werden. In einer Reihe von anderen Varianten wird die umgekehrte Bezeichnung angewandt: Kreise bezeichnen die Vorgänge und Pfeile ihre logische und zeitliche Wechselbeziehung. In Abhängigkeit von der angewandten Prozedur der Bewertungen des Aufwandes an Zeit und anderen Ressourcen unterscheidet man verschiedene Varianten von Netzplänen:

Methode des kritischen Weges (mit determinierten Bewertungen des Zeitaufwandes);

Methode PERT – Zeit – (mit Kreisbewertungen – der früheste, späteste und wahrscheinlichste Termin für den Abschluß der Arbeiten);

PERT – Kosten – wobei ebenfalls Bewertungen für den Aufwand an Ressourcen gegeben werden.

Die Netzplanmodellierung setzt dem Umfang der Aufgaben keinerlei Grenzen. Wenn das Projekt groß ist und die Anzahl der Vorgänge selbst einige Zehntausende beträgt, so muß man in diesem Falle einfach eine größere Rechentechnik einsetzen. Netzpläne lassen sich leicht in eine Matrix umformen und werden nach gleichen Algorithmen gerechnet.

Die Optimierungsaufgaben sind ein großer Komplex mathematischer Methoden und Modelle, die für die Lösung einer ganzen Reihe von Extremwertaufgaben für die Produktions- und

Volkswirtschaftsplanung bestimmt sind. Diese Methoden ermöglichen es, die optimalen Varianten für die Auslastung verschiedener Produktionskapazitäten, für die Nutzung der vorhandenen Material-, Arbeitskräfte- oder Finanzressourcen, für die Nutzung der verschiedenen Transportarten und ihre optimalen Ablaufpläne zu wählen. Alle Optimierungsaufgaben sind durch folgende Merkmale charakterisiert: Existenz eines Systems von untereinander abhängigen Faktoren; streng definiertes Kriterium für die Bewertung der Optimalität; genaue Formulierung der Bedingungen, die den Einsatz der vorhandenen Ressourcen bzw. der Faktoren begrenzen.

Somit hat die Optimalität der Lösung relativen Charakter, da das Optimum in bezug auf ein vorher gewähltes Kriterium erreicht wird. Die Lösung von Optimierungsaufgaben wird dadurch charakterisiert, daß aus einer Menge von möglichen Varianten diejenige gewählt wird, die entweder einen maximalen oder einen minimalen Wert des gewählten Kriteriums gewährleistet. Die Lösung erfolgt durch etappenweise Aussonderung sich ständig verbessernder Varianten, bis eine einzige optimale Variante erreicht wird.

Die am weitesten entwickelte und am meisten angewandte Optimierungsaufgabe ist die *lineare Optimierung*. In dieser Aufgabe sind Zielfunktion und Nebenbedingungen lineare Funktionen von Variablen. Es besteht eine ziemlich große Klasse von ökonomischen Aufgaben, bei denen ein feineres mathematisches Instrument erforderlich ist, das die Unteilbarkeit einiger ökonomischer Begriffe und die Forderung nach ihrer Ganzzahligkeit berücksichtigt. Dazu gehören Aufgaben, die mit physisch unteilbaren Objekten verbunden sind, die meisten Terminaufgaben sowie Aufgaben mit logischen Bedingungen. Ihrer Lösung dient die *ganzzahlige* Optimierung.

Die Weiterentwicklung der Theorie der linearen Optimierung geht in Richtung auf die Lösung von Aufgaben, in denen nicht ein bestimmtes Ziel der Tätigkeit, sondern einige Ziele vorgegeben werden, die kein gemeinsames Maß haben. Somit wird die Theorie der *Optimierung nach mehreren Zielfunktionen* entwickelt, mit der auch die Notwendigkeit eng verbunden ist, die Nichtlinearität der Funktionen zu berücksichtigen. Eine Reihe von Methoden zur Lösung solcher Aufgaben ist mit dem Begriff „Pareto-Optimalität“ verbunden.

Das Prinzip besteht darin, daß der Plan schrittweise für ein Kriterium verbessert wird, wobei er sich jedoch nicht in bezug auf die anderen Kriterien verschlechtern darf.
Eine Reihe von ökonomischen Leitungsaufgaben muß so formuliert werden, daß nicht nur der Einfluß des Planes des laufenden Zeitraumes auf den Plan des folgenden Zeitraumes berücksichtigt wird, sondern auch ihre Rückkopplung. Bei der Aufstellung der laufenden Pläne und bei der Wahl der Strategie zur Erreichung von langfristigen Zielen müssen die Forderungen der Zukunft berücksichtigt werden. Eine Lösungsmethode für solche Aufgaben ist die *dynamische Optimierung*, wobei das Optimalitätskriterium die Form eines Integrals für die zu optimierende Größe in bestimmten Zeiträumen hat.
In einigen Situationen muß die Strategie für die Erreichung eines bestimmten Zieles unter den Bedingungen der Indeterminiertheit ausgewählt werden, das heißt, es fehlen Informationen über den Zustand der Umwelt bzw. über die Möglichkeit der zukünftigen Folgen der getroffenen Entscheidung. Die Wahl der optimalen Strategie erfolgt in diesem Fall mit Hilfe der *Spieltheorie*. Sie erhielt diese Bezeichnung, da die anschaulichste Situation, von der diese Theorie ausgeht, ein Zwei-Personen-Spiel ist, wobei jeder folgende Zug des Spielers durch den vorangegangenen Zug seines Gegners bestimmt wird.
Das Optimalitätskriterium nimmt dabei verschiedene Formen an, die sich jedoch immer gut ökonomisch interpretieren lassen. Zum Beispiel erfordert das Kriterium „Minimax“ die Auswahl einer solchen „vorsichtigen“ Strategie, bei der sogar im schlimmsten Fall die Verluste minimal sind.
Eine ganze Reihe von speziellen ökonomisch-mathematischen Methoden und Modellen ist mit Problemen der Organisation verbunden. In der Regel sind sie aus Aufgaben der Organisation eines Produktions- oder Transportprozesses entstanden; sie können aber auch zum Beispiel für die Organisation der Ökonomie von Zweigen, die Organisation der Leitung usw. angewandt werden.
Eine der am weitesten entwickelten Methoden zur Lösung von Organisationsaufgaben ist die *Bedienungstheorie*. Sie operiert mit einigen universellen Begriffen, wie zum Beispiel „Bedienungskanal“, „Forderung nach Bedienung“, „einfacher Kanal“, „Warteliste“ und einer Reihe anderer. Diese Begriffe

erhalten eine konkrete Auslegung für eine sehr umfangreiche Klasse von ökonomischen Aufgaben. So können zum Beispiel die „Bedienungskanäle“ als Werkbänke betrachtet werden, auf denen die Bearbeitung von Erzeugnissen erfolgt, als Be- und Entlademechanismen in einem Hafen, als Kapazitäten von Reparaturarbeiten oder von Baubetrieben, als Transportmagistralen usw. Ebenso erhalten die „Forderungen“ folgende Interpretation: als Baugruppen oder Teile davon, die ihre Bearbeitung erwarten; als Eisenbahnwagen oder Schiffe, für die Be- und Entladearbeiten durchgeführt werden oder die in einer Warteschlange stehen; als Fluß von Transportmitteln oder schließlich als Klienten in Dienstleistungsbetrieben. Die Bedienungstheorie untersucht die statistischen Gesetzmäßigkeiten des Eingangs von „Forderungen“. Dann werden Regeln für die Aufstellung eines solchen Produktions-, Transport- oder Dienstleistungssystems aufgestellt, bei dem die Verluste durch Bildung von „Warteschlangen“ oder Stillstand der Kanäle minimiert werden.

Die Bedienungstheorie ist, wie auch eine ganze Reihe spezieller Abschnitte der mathematischen Optimierung, unmittelbar mit der *mathematischen Statistik* verbunden. Auf der Basis der Theorie der mathematischen Statistik und des Einsatzes von EDVA entwickelt sich jetzt rasch eine universelle Methode zur Lösung eines außerordentlich großen Kreises von ökonomisch-mathematischen Aufgaben, einschließlich aller oben beschriebenen Typen sowie Bilanzaufgaben, Aufgaben der Ordnung, der Suche optimaler und annähernd optimaler Lösungen sowie Aufgaben der Organisation.

Außerdem wird diese Methode, auf der Grundlage der Verarbeitung statistischer Daten über das vergangene Verhalten des Systems nach speziellen Programmen, auch für die Ermittlung von Informationen über das zukünftige Verhalten des Systems genutzt.

Dafür werden auch die Simulationsmethode bzw. die elektronische Simulation und die statistische Modellierung verwendet. Alle diese Termini drücken verschiedene Seiten dieser neuen ökonomisch-mathematischen Methode aus. Die Methode besteht in der Reproduktion von elementaren Verhaltensprozessen des zu untersuchenden Systems in ihrer realen Reihenfolge, jedoch in äußerst beschleunigtem Zeitmaßstab auf

EDVA durch Zahlenmethoden. Das ermöglicht es, das Verhalten des ganzen Systems insgesamt über viele Zeitabschnitte genau zu reproduzieren, wobei man die Informationen nicht stark zu aggregieren und auch keine anderen Bedingtheiten anzuwenden braucht. Dabei können sehr komplizierte Wechselbeziehungen und Restriktionen berücksichtigt werden: nichtlineare Abhängigkeiten, zeitliche Rückkopplungen, Wahrscheinlichkeitscharakter einer ganzen Reihe von Prozessen und Erscheinungen.

Mit Simulationsmethoden kann man jedes beliebige ökonomische Objekt und jeden Prozeß untersuchen (Betrieb, Handels- oder Transportnetz, Versorgungs- oder Finanzsystem, Zweig der Volkswirtschaft, Akkumulations- und Konsumtionsprozeß in der Volkswirtschaft des Landes und schließlich auch die Ökonomie des ganzen Landes). Das kann unter folgenden Bedingungen erfolgen:

1. Es sind mathematische Modelle vorhanden, die die ökonomischen Objekte oder Prozesse beschreiben;
2. Es sind statistische Daten gesammelt, die das Verhalten jedes Modells des beschriebenen Systems in einem bestimmten Zeitabschnitt charakterisieren;
3. Es sind geschlossene Rückkopplungen zwischen allen Modellen hergestellt, das heißt, es sind Gleichungen vorhanden, die alle Modelle untereinander verbinden. In diesem Fall reproduziert das Programm, das die Entwicklung des Systems simuliert, das Verhalten des Systems und aller seiner Bestandteile in den nacheinander ablaufenden Zyklen, bis der Prozeß abgebrochen oder unter anderen Ausgangsbedingungen neu in Gang gesetzt wird.

Die elektronische Simulation hat viele verschiedene Bestimmungen. In erster Linie ist sie ein Mittel zur effektivsten Nutzung der ökonomisch-mathematischen Modelle, die es ermöglichen, die komplexe Optimierung nach mehreren Zielfunktionen auf der Grundlage eines mehrmaligen Durchspielens der Situation und der nachfolgenden Optimierung der Zielfunktion nach Pareto durchzuführen.

Die Simulation ist ein Mittel zur Erprobung der Modelle. Ökonomisch-mathematische Modelle werden, ausgehend von einigen theoretischen Voraussetzungen, aufgebaut und danach in der Praxis erprobt. Bei der elektronischen Simulation kann der von ihr hervorgebrachte künstliche ökonomische Prozeß mit dem natürlichen Prozeß anhand der statistischen Daten des letzteren verglichen werden.

Die Simulation ermöglicht es, eigentlich unvergleichbare ökonomische Systeme (zum Beispiel unterschiedliche Organisationsstrukturen) zu vergleichen und zu erproben. Die EDVA bringt, wenn sie das Verhalten jeder Organisationsstruktur reproduziert, einige durchaus vergleichbare ökonomische Kennziffern wie zum Beispiel die Kennziffern des Gewinns und der Rentabilität, der Fondsabgabe und der Auslastung der Produktionskapazitäten sowie einer Reihe anderer hervor, zu denen die beste Organisationsstruktur ausgewählt werden kann.

Die Simulation ist ein Mittel für die Umkonstruktion von ökonomischen Systemen. Durch Simulationsmethoden kann man praktisch eine unbegrenzte Zahl von Varianten des Systems erproben, man kann die besten Varianten und die Kette der Übergangsvarianten auswählen.

Die Simulation ist ein Mittel, Informationen über die Zukunft zu erhalten, da in äußerst kurzer Zeit die Ergebnisse jeder Planentscheidung für einen großen Zyklus von Perioden durchgespielt werden können und Material über den wahrscheinlichsten Zustand und das Verhalten des Systems in der Zukunft sowie über die Zustände, die man vermeiden muß, gewonnen werden kann. Somit lehrt in einem Mensch-Maschine-System der Mensch, der mit einem Simulationsmodell arbeitet, nicht nur ständig die Maschine, sondern lernt auch selbst, indem er von ihr Informationen erhält.

Die Simulationsmethode wird für die Schaffung von sich selbst vervollkommnenden Mensch-Maschine-Systemen verwendet, mit deren Hilfe die Formulierung ökonomisch-mathematischer Aufgaben und ihre Lösungsmethoden verbessert werden.

Bei allen Vorzügen der Simulationsmethode muß man jedoch auch ihre große Kompliziertheit und Arbeitsintensität unterstreichen. Sie kann nur bei einem hohen Grad der Entwicklung des Systems angewandt werden, wenn eine große Anzahl von Modellen für ökonomische Objekte und Erscheinungen entwickelt und erprobt sind, wenn die Beziehungen unter ihnen analysiert sind und genügend statistisches Material gesammelt wurde. Außerdem setzt die Nutzung der Simulationsmethode einen hohen Stand der Programmierung voraus.

Die Einführung von ökonomisch-mathematischen Modellen in die Praxis der Planung und der laufenden Regulierung der Ökonomie ist ein äußerst komplizierter und diffiziler Prozeß, der die Berücksichtigung von organisatorischen, ökonomischen, psychologischen und vielen anderen Faktoren erfordert. Die ökonomisch-mathematischen Modelle, die einen hohen Nutzen bei der Erhöhung der Operativität und Qualität der Leitung garantieren, erfordern ihrerseits einen hohen Grad der Organisation und der Kultur der Leitung. Andererseits ist die Anwendung von ökonomisch-mathematischen Modellen, besonders aber von Optimierungsmodellen, unter Bedingungen der manuellen Arbeit praktisch unmöglich (wenn der Leitungsapparat also nicht in der Lage ist, zumindest eine einigermaßen bilanzierte Variante rechtzeitig durchzurechnen). Die günstigsten Bedingungen für den Einsatz ökonomisch-mathematischer Modelle und die Erreichung eines maximalen Nutzens durch diese Modelle sind in automatisierten Leitungssystemen gegeben.

4. Schaffung automatisierter Leitungssysteme

Ein automatisiertes Leitungssystem ist ein speziell projektierter, eingerichteter und eingeführter Komplex von ökonomischen Methoden, Organisationsformen, ökonomisch-mathematischen Methoden und Modellen und anderen modernen Leitungsmitteln, der eine Optimierung der Leitung auf der Grundlage des Einsatzes der modernen Technik, einschließlich EDVA, gewährleistet.

Einzelne „ökonomische Leitungshebel" wie zum Beispiel mechanisierte Datenverarbeitung, ökonomisch-mathematische Modelle und Rechenzentren sind noch kein automatisiertes Leitungssystem. Als Leitungssystem kann man nur einen speziell projektierten Komplex dieser Methoden betrachten, der ein untrennbarer Bestandteil des gesamten Leitungssystems des jeweiligen Betriebes, des Produktionskomplexes oder des Zweiges ist.

Automatisierte Leitungssysteme werden nicht deshalb entwickelt und eingeführt, weil EDVA und wissenschaftliche Methoden der Planung und Leitung entwickelt wurden, sondern deshalb, weil ohne sie eine weitere Entwicklung der gesellschaftlichen Produktion und eine effektive Funktion der Wirtschaft nicht möglich sind. Die Entwicklung und Einführung eines automatisierten Leitungssystems ist sehr kompliziert, teuer und langwierig. Dort, wo die Maßstäbe der Produktion ziemlich groß, das Tempo der Produktionsprozesse schnell und die ökonomischen Wechselbeziehungen kompliziert sind, dort ist die Schaffung eines automatisierten Systems die einzige Methode zur Aufrechterhaltung der ökonomischen Effektivität, da manuelle Methoden nicht mehr die notwendige Leitung gewährleisten.

Die Ausarbeitung eines automatisierten Leitungssystems ist dann in Angriff zu nehmen, wenn eine ausreichende Effektivität des Leitungsprozesses durch die komplexe Lösung aller Leitungsprobleme erreicht werden kann. Das automatisierte Leitungssystem stützt sich in der Regel auf die elektronische Datenverarbeitung und schließt ein Rechenzentrum ein, das mit EDVA ausgestattet ist. Das automatisierte Leitungssystem umfaßt aber auch den ganzen Komplex von Methoden und Mitteln der Leitungsorganisation, der integrierten Datenverarbeitung sowie von ökonomisch-mathematischen Methoden und Modellen.

Die ökonomische Effektivität des automatisierten Leitungssystems errechnet sich aus der Differenz zwischen dem zusätzlichen Gewinn und den Kosten des Systems. Letztere setzen sich aus den Kosten für die Untersuchung und Projektierung, für den Erwerb und die Montage der Ausrüstungen, die Bezahlung von Arbeiten anderer Organisationen zur Einführung und Einrichtung sowie aus den Betriebskosten zusammen.

Der größte Nutzen durch die Vervollkommnung des Systems tritt durch die Verbesserung der ökonomischen Leitungsprozesse selbst zutage. Ein ökonomischer Nutzen wird erzielt durch:

1. die Steigerung der Produktion im Ergebnis der besseren Ausnutzung der Produktionskapazitäten, der Material- und Arbeitskräfteressourcen, darunter auch durch die Verringerung der Stillstandszeiten der Ausrüstungen und die Verkürzung der Produktionszyklen sowie durch die Optimierung der Produktions-, Transport- und anderer Programme;

2. die Verringerung der Umlaufmittel in allen Gliedern des Betriebes oder des Zweiges und die Erhöhung ihrer Disponibilität;
3. die Erhöhung der Elastizität des gesamten Leitungssystems, die Steigerung seiner Fähigkeit, die Prozesse der Verteilung und Konsumtion entsprechend der jeweiligen ökonomischen Situation schnell umzustellen.

Die aktuellste Frage dabei ist die Erhöhung der Effektivität und die Senkung der Kosten für die Entwicklung und Einführung. Wir sehen drei Hauptwege zur Erreichung dieses Zieles:
1. Typisierung des automatisierten Leitungssystems und seiner Elemente und Nutzung der besten Typenlösungen bei der Entwicklung neuer Systeme.
2. Vervollkommnung der Struktur und der Funktionen des automatisierten Leitungssystems, Aufstellung einer Typenzusammensetzung seiner Teilsysteme und Elemente und ihrer besten Koppelung auf der Grundlage der modernen Erkenntnisse der Wissenschaft und der praktischen Erfahrungen bei der Schaffung von Systemen.
3. Forcierung und Verbilligung der Projektierung, Wahl optimaler Projektierungslösungen durch Typisierung und Automatisierung der Projektierungsprozesse selbst.

Die einheitliche Klassifizierung der automatisierten Leitungssysteme wird gegenwärtig entwickelt und diskutiert. Allgemein wird eine Teilung dieser Systeme in drei große Gruppen angewandt:

automatisierte Leitungssysteme für Betriebe;
automatisierte Leitungssysteme für Zweige;
spezialisierte automatisierte Leitungssysteme für Leitungsorgane der Volkswirtschaft (Planung, Statistik, Finanzen und Banken, Materialversorgung und anderes).

Die größten Erfahrungen wurden bisher bei der Entwicklung und beim Einsatz automatisierter Leitungssysteme für einen Betrieb gesammelt. Das Problem besteht hier darin, daß die typischsten und repräsentativsten Betriebe eines Zweiges der Volkswirtschaft und von Produktionsarten ausgewählt und die besten Projektlösungen für sie als Typenlösungen angenommen werden. Hier muß man feststellen, daß eine solche Klassifikation viele Aspekte hat; sie muß eine Reihe von Kriterien berücksichtigen:

den Zweig, den Charakter des Produktionsprozesses;
die hauptsächlichen Leitungsfunktionen, die vom automatisierten Leitungssystem realisiert werden;
die technische Ausführung des Systems.

Wegen der unzureichenden Erfahrungen beim Einsatz von Systemen und der geringen Anzahl abgeschlossener und im Einsatz befindlicher automatisierter Leitungssysteme klassifiziert man sie jetzt gewöhnlich, indem man sich einfach auf das Muster des verwendeten bzw. projektierten automatisierten Leitungssystems irgendeines konkreten Betriebes bezieht. Entwicklungsmuster gibt es für folgende Betriebstypen:

1. Diskrete Produktion (hauptsächlich Maschinenbau und Gerätebau), geringe Nomenklatur, Fließproduktion (Typ des Fernsehwerkes in Lvov).

Das automatisierte Leitungssystem sichert hauptsächlich die operative Leitung der Produktion, führt aber auch die Funktionen der optimalen Planung aus.

2. Diskrete Produktion, große Nomenklatur, Fließproduktion und Serienproduktion (Typ des Moskauer Werkzeugmaschinenwerkes „Roter Proletarier").

Das System gewährleistet hauptsächlich die optimale technisch-ökonomische Planung sowie einen Teil der Steuerungsfunktionen der Produktion.

3. Diskrete Produktion, viele Serien, große Nomenklatur mit komplizierter Konstruktion der Erzeugnisse (Typ des E-Lok-Werkes in Novočercazc).

Das System gewährleistet hauptsächlich die laufende operative Steuerung der Produktion und der Vorräte.

4. Diskrete Einzelproduktion, Kleinserienproduktion mit äußerst komplizierter Konstruktion der Erzeugnisse und langem Produktionszyklus. Als Muster können die automatisierten Leitungssysteme dienen, die für eine Reihe von Schiffswerften entwickelt wurden. Die Arbeit des Systems basiert auf Prinzipien der Netzplanung eines Produktionsprozesses.

5. Kontinuierliche Produktion, insbesondere in der chemischen und erdölverarbeitenden Industrie. Die in einer Reihe solcher Betriebe entwickelten automatisierten Leitungssysteme werden dadurch charakterisiert, daß die Automatisierung der ökonomischen Planung und Leitung eng mit der automatischen Steuerung der technologischen Prozesse verbunden ist.

6. Gemischte kontinuierliche und diskrete Produktionen mit Verarbeitung von saisonbedingten Rohstoffen (Leichtindustrie, Lebensmittelindustrie). Das System, für das das entwickelte automatisierte Leitungssystem des Tuch- und Kammgarnkombinates in Kalinin Muster sein kann, gewährleistet hauptsächlich die technisch-ökonomische Planung.
7. Fördernde Produktionen. Die für eine Reihe von Gruben und Bergwerken entwickelten automatisierten Leitungssysteme führen hauptsächlich geologische und technisch-ökonomische Berechnungen durch.
8. Bauproduktion und Montage von Ausrüstungen. Die automatisierten Leitungssysteme werden auf der Grundlage von Prinzipien der Netzplantechnik entwickelt.
9. Transport, insbesondere Auto- und Flußtransport. Als Muster kann das System des Moskauer Autotransportes dienen, das die optimale operative Planung der Transporte durchführt.
10. Sonstige Produktionstypen.
Die Klassifikation ist nicht erschöpfend und ist nur als Muster für die angewandten Methoden der Typisierung der automatisierten Leitungssysteme angeführt.
Zweigleitungssysteme lassen sich wegen der großen Unterschiede im Charakter des technologischen Prozesses in den Zweigen und den Methoden noch schwerer klassifizieren. Man unterscheidet folgende Gruppen von automatisierten Leitungssystemen für einen Zweig:
1. Industrieministerien des Maschinenbaus, des Gerätebaus und einer Reihe ähnlicher Produktionen. Als Muster solcher automatisierten Leitungssysteme eines Zweiges, für die ein verzweigtes Verbindungssystem mit den automatisierten Leitungssystemen der Betriebe charakteristisch ist, können die Systeme dienen, die für die radioelektronische Industrie, den Werkzeugmaschinenbau und den Schiffbau entwickelt wurden.
2. Industrieministerien mit einer relativ geringen Anzahl von Großbetrieben (zum Beispiel chemische Industrie und Erdölverarbeitung). Für sie ist die Verbindung der Optimierung der Zweigplanung mit der Optimierung der Steuerung der Produktion in den Betrieben charakteristisch.
3. Industrieministerien mit einer großen Anzahl verschiedenartiger, darunter mittlerer und kleiner Betriebe (zum Beispiel Textilindustrie, Lebensmittelindustrie, Fischwirtschaft). Für

ein solches automatisiertes Leitungssystem ist eine mehrstufige Struktur charakteristisch, die auch Gruppenrechenzentren mit einbezieht.

4. Transportministerien. Die Hauptfunktion des automatisierten Leitungssystems, das in diesen Zweigen entwickelt wird, ist die Optimierung des Transportplanes für das ganze Land, die laufende optimale Planung der Transportprozesse. Ihre Besonderheit ist die Notwendigkeit der engsten Verbindung mit den automatisierten Leitungssystemen der Produktionszweige, um die Planungsinformationen und die operativen Informationen über den Transportbedarf zu erhalten.

5. Ministerien, die den Prozeß des Warenumlaufes regulieren. Als Muster kann man das automatisierte Leitungssystem des Ministeriums für Außenhandel betrachten, das vor allem als mächtiges Datenverarbeitungssystem geschaffen wird, das über stark verzweigte Informationsbeziehungen und einen großen Speicher verfügt.

Die automatisierten Leitungssysteme von übergeordneten Planungsorganen und ökonomischen Organen sind wegen der Spezifik der Arbeit dieser Einrichtungen immer universell. Die umfangreichsten Entwicklungen werden auf dem Gebiet eines automatisierten Systems von Planberechnungen des Gosplans der UdSSR und der Plankommissionen der Unionsrepubliken durchgeführt; es wird ein automatisiertes System für die Verarbeitung statistischer Informationen, ein System für die beste Steuerung der Materialversorgung und ein automatisiertes System für die Verarbeitung von Finanz- und Kreditinformationen geschaffen.

Ungeachtet der Spezifik und der grundlegenden Unterschiede der automatisierten Leitungssysteme der einzelnen Glieder der Leitung und der Volkswirtschaftszweige, haben sie einige grundlegende gleiche Merkmale und werden auf der Basis gemeinsamer Prinzipien und einer gemeinsamen Methodologie aufgebaut.

Sie enthalten auch viele gemeinsame technische und methodische Lösungen. Das ermöglicht es, die typischen Zusammensetzungen und die Struktur eines automatisierten Leitungssystems ohne Bezug auf seinen Funktionsbereich zu betrachten und einige allgemeine Methoden für die Entwicklung dieser Systeme abzuleiten.

Ein automatisiertes Leitungssystem muß wie jedes andere System unter zwei Aspekten betrachtet und projektiert werden, nämlich hinsichtlich seiner Funktion (das heißt hinsichtlich dessen, was das System macht) und des Schemas, das diese Funktion realisiert. Eine komplizierte, zusammengesetzte Funktion eines automatisierten Leitungssystems kann in Teilfunktionen, Aufgaben und Teilaufgaben bis zu elementaren Leitungsoperationen untergliedert werden. Dieser Prozeß kann mit Hilfe der „strukturellen Aufgliederung eines Problems" durchgeführt werden. So kann die Gesamtfunktion der „Leitung" in die Teilfunktionen Planung, operative Leitung, Kontrolle und Erfassung, Materialversorgung usw. untergliedert werden. Analog können die Schemata, die die Funktion realisieren, untergliedert und auf elementare Einheiten gebracht werden.

Um eine Vorstellung von den Wechselbeziehungen der Funktionen und Schemata zu erhalten, ist es zweckmäßig, das System als Matrix darzustellen, wobei die Bezeichnungen der Zeilen die elementaren Funktionen darstellen und die Bezeichnungen der Spalten die elementaren Schemata. Somit werden die Überschriften in den Spalten die Bezeichnungen bestimmter Belege, Kennziffern, Verbindungsmittel sowie die Bezeichnungen bestimmter Funktionen tragen. Wenn im Ergebnis der Untersuchung ermittelt wurde, daß ein bestimmtes elementares Schema einen unmittelbaren Bezug zur Erfüllung einer elementaren Funktion des Systems hat, so spricht man vom Vorhandensein eines *Systemelementes.*

Dieses Element kann durch eine entsprechende Niederschrift oder ein Zeichen am Schnittpunkt der Zeilen und Spalten der Matrix vermerkt werden. Dann erweist sich, daß jedes Element eine Beziehung zu einem bestimmten Schema hat und an der Realisierung einer bestimmten Funktion beteiligt ist. *Den gesamten Komplex von Elementen des Schemas, die an der Erfüllung einer bestimmten Funktion beteiligt sind, bezeichnen wir als funktionelle Teilsysteme*; sie werden durch eine Zeile der Matrix ausgedrückt. So enthält zum Beispiel das funktionelle Teilsystem „Qualitätskontrolle der Erzeugnisse" die Mitarbeiter, die diese Arbeit ausführen, die Liste der Kennziffern, die die Qualität der Erzeugnisse widerspiegeln, und die Berechnungsmethoden, das Verzeichnis der Be-

lege, in die diese Kennziffern aufgenommen werden, die technischen Mittel zur Ausfertigung dieser Belege usw. *Den gesamten Komplex von elementaren Funktionen, die ein Schema realisieren, bezeichnen wir als Schema-Teilsystem*; es wird durch eine Spalte der Matrix ausgedrückt. So dient zum Beispiel ein bestimmter Beleg – eine Anordnung – der gleichzeitigen Erfüllung einiger Leitungsfunktionen: operative Erfassung der Produktion, Erfassung der Arbeitskräfte, Berechnung des Lohnes und eine Reihe anderer. Wenn man in dem zu untersuchenden System die Wechselbeziehungen zwischen den einzelnen Elementen, die an den Schnittpunkten der Zeilen und Spalten stehen, findet, so ist das die Struktur des jeweiligen Systems. Wir können die Elemente untereinander mit Linien verbinden, wodurch wir eine Zeichnung erhalten, die als *Strukturgraph* des Systems bezeichnet wird.
Eine solche Matrix ist die Grundlage für die Bildung von *zwei verschiedenen Typen von Teilsystemen* in jedem konkreten automatisierten System eines Betriebes, eines Produktionskomplexes oder eines Zweiges: von funktionellen und Schementeilsystemen, die auch als Versorgungsteilsysteme bezeichnet werden. Eine typische Matrix für die Zerlegung eines automatisierten Leitungssystems in seine Teilsysteme ist in Abbildung 14 dargestellt.
Eine solche Untergliederung des Systems wird der gesamten Organisation der Entwicklung des Systems zugrunde gelegt.
In einer Reihe von konkreten Methodiken und Instruktionen zur Entwicklung automatisierter Leitungssysteme für Betriebe und Zweige der Volkswirtschaft (ein Teil ist in der Bibliographie im Anhang angeführt) gibt es genaue Hinweise über die Struktur, die Zusammensetzung und den Inhalt des Projektes des automatisierten Leitungssystems, über die Reihenfolge bei der Entwicklung und Einführung des Systems. Aber auch diese genauen Hinweise müssen für jedes bestimmte Objekt, für das die Entwicklung eines automatisierten Leitungssystems erfolgt, weiter untergliedert und konkretisiert werden. Besonders wichtig ist es, die Leitungsfunktionen, die für jedes Wirtschaftsobjekt spezifisch sind, genau zu bestimmen und zu konkretisieren. Als Beispiel führen wir eine verkürzte Liste von Leitungsfunktionen für das automatisierte Leitungssystem eines Betriebes an.

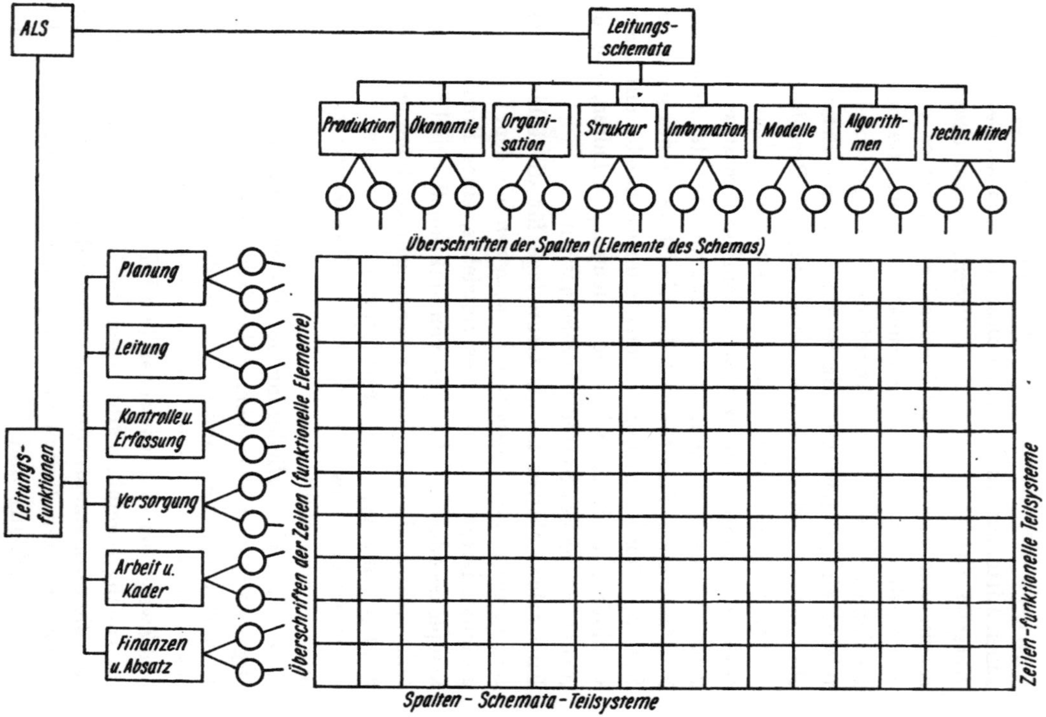

Abb. 14 Matrixstruktur für die Aufteilung eines automatisierten Leitungssystems

1. *Perspektivplanung*: Planung der Ökonomie des Betriebes, Planung der Aufnahme der Produktion neuer Erzeugnisse, Planung der Erweiterung der Kapazitäten, Planung der Modernisierung der Produktion, Planung der Investitionen.
2. *Produktionsvorbereitung*: Planung der technischen Produktionsvorbereitung, Kontrolle der technischen Produktionsvorbereitung, Sicherung optimaler technischer Lösungen, zeichnerische Arbeiten und Konstruktionsarbeiten, Standardisierung und Typisierung, Vorbereitung der technologischen Prozesse, Konstruktion und Typisierung der Werkzeuge und Ausrüstungen, Speicherung und Suche technischer Belege.
3. *Planung und Erfassung der Produktion*: Planung der Produktion und des Erzeugnisausstoßes, operative Planung zwischen den Werkabteilungen und innerhalb der Werkabteilungen, Qualitätskontrolle, Erfassung der Fertigerzeugnisse, Planung und Erfassung der Hilfsproduktionen.
4. *Planung und Erfassung der Arbeitskräfte und des Lohnes*: Normierung der Arbeit, Planung der Arbeitsproduktivität, Berechnung der Beschäftigten und des Lohnfonds, Erfassung der Leistung und des Lohnes, Planung, Ausfertigung und Erfassung der Kader.
5. *Materialversorgung der Produktion*: Planung und Erfassung der Lieferungen, Planung und Erfassung der Materialbewegung, buchhalterische Erfassung der Materialien, Vorratssteuerung.
6. *Planung und Erfassung der Grundmittel*: Berechnung der Kapazitäten, Planung der Grundmittel, Planung der Reparatur, des Austausches und der Modernisierung, Grundmittelbuchhaltung.
7. *Buchhaltung, Berichtswesen, Finanztätigkeit*: Planung und Erfassung der Selbstkosten, Planung und Erfassung der Rentabilität, Finanzplanung, buchhalterische Erfassung der Finanzierung der Produktion, Kontrolle der Effektivität und der Ausnutzung von Investitionen und Grundmitteln, zusammenfassende Abrechnung, zusammenfassende Bilanz der Kosten und des Erzeugnisausstoßes.

Das ist nur eine der möglichen Varianten für die Bestimmung der Funktionen des automatisierten Leitungssystems eines Betriebes. Natürlich ist sie in einem anderen Betrieb wieder anders.

Eine wesentlich größere Einheitlichkeit ist bei der Bestimmung der Versorgungsteilsysteme (Schema – Teilsysteme) zu beobachten. Das erklärt sich dadurch, daß die Leitungstechnologie in jedem beliebigen ökonomischen Objekt im allgemeinen dahingehend gleichartig ist, daß darin Informationen verarbeitet werden. Deshalb kann man Typenkomplexe von Methoden und Mitteln bilden, die die effektivste Sicherung der Leitungsfunktionen gewährleisten. Es können natürlich unterschiedliche Gruppierungen dieser Methoden und Mittel sowie unterschiedliche Bezeichnungen für die Versorgungsteilsysteme vorgeschlagen werden. Nach den Erfahrungen des ZEMI ist es zweckmäßig, die Versorgungssysteme zu bilden, die in Abbildung 15 dargestellt sind. Diese Struktur ist vom Standpunkt der Erfassung aller Elemente des Systems, der Verteilung der Spezialisten mit unterschiedlichem Profil auf die Arbeitsgruppen, der Organisation der Analyse- und Projektierungsprozesse sowie der Verbindung der Arbeit der Teilsysteme am günstigsten. Jedes der dargestellten Teilsysteme wird wiederum in Teilsysteme zweiter Ordnung untergliedert und so weiter bis zu elementaren Schemata für die Sicherung der Leitungsprozesse. Wegen des großen Umfanges dieser Struktur ist es nicht möglich, sie hier vollkommen anzuführen.
In Abbildung 15 sind nur zwei Teilsysteme – die ökonomisch-mathematische und die informative Sicherung – angegeben. Deshalb ist es hier zweckmäßig, nur die Logik der Entwicklung eines automatisierten Systems zu betrachten, um eine Grundlage für Schlußfolgerungen über die Organisation und die Reihenfolge der Arbeiten zu haben.
Im Ergebnis der Untersuchung des bestehenden Leitungssystems wurde ermittelt, daß die unbefriedigende Durchführung der Leitungsfunktionen (zum Beispiel Verspätung der Plan- und Berichtsbelege, fehlende Durchführung von Mehrvariantenrechnungen, ungenügende Ausfeilung von Konstruktionen und Technologien usw.) hauptsächlich auf die veraltete Organisation der bestehenden Teilsysteme der Versorgung (Sicherung) zurückzuführen ist.
Der Prozeß der Projektierung und Schaffung eines neuen, automatisierten Leitungssystems besteht nicht nur darin, die bestehenden Mittel für die Sicherung der Leitung zu

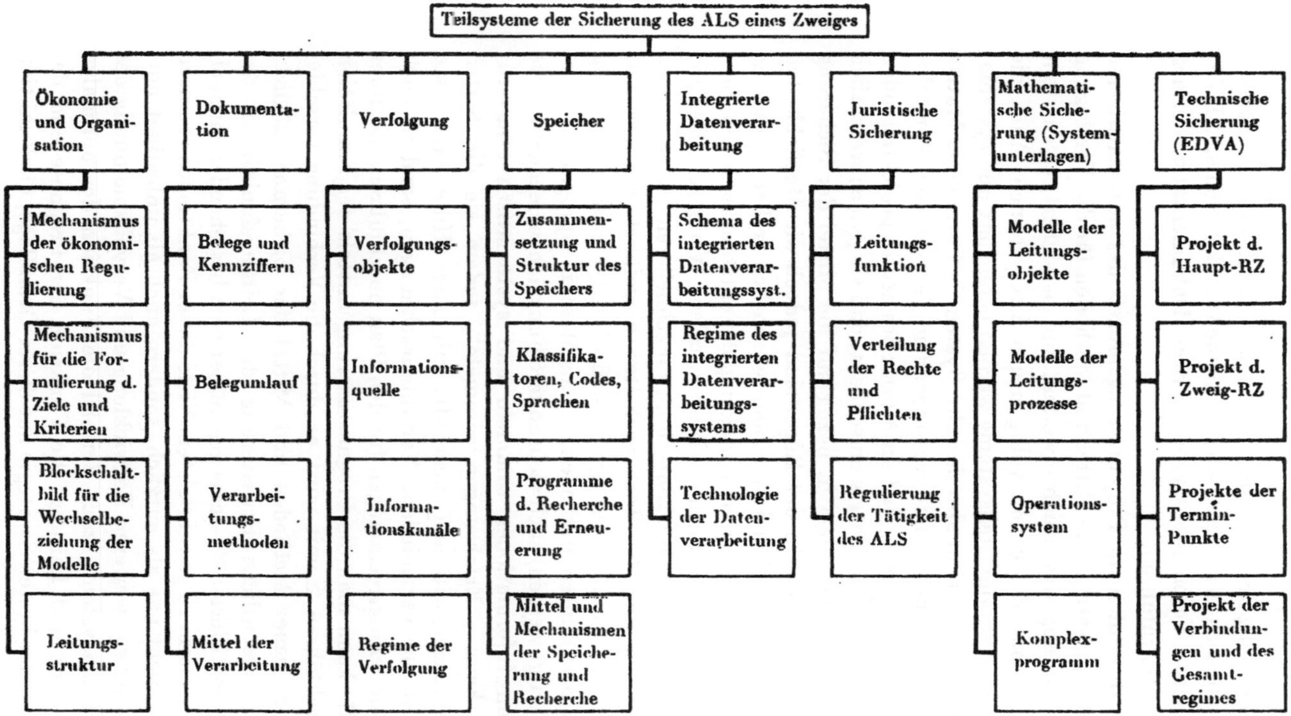

Abb. 15 Dreigliedrige Struktur der Teilsysteme für die Sicherung des automatisierten Leitungssystems

verbessern und zu systematisieren, sondern hauptsächlich darin, völlig neue, speziell entwickelte Mittel, wie zum Beispiel ökonomisch-mathematische Methoden und Modelle, EDVA, moderne Verbindungssysteme, neue Dokumentationsformen usw., einzuführen.

Somit werden im Projektierungsprozeß des automatisierten Leitungssystems die Mittel und Methoden für die Versorgung der Leitung wesentlich erweitert und bereichert, es entsteht eine ganze Reihe von völlig neuen Teilsystemen. Auch die alten Versorgungsteilsysteme werden bereichert und systematisiert. Wenn man also das alte System in Form einer Matrix von funktionellen und versorgenden Teilsystemen darstellt, so ist offensichtlich, daß die Matrix des neu zu projektierenden Systems die alte Matrix einschließt, daß sie jedoch wesentlich breiter ist, vor allem in bezug auf die Mittel der Sicherung (Abbildung 16). In der Regel sind jedoch die Möglichkeiten der neuen Mittel und Methoden wesentlich größer als die, die anfangs für die Weiterentwicklung der entstandenen Leitungsfunktionen von ihnen verlangt wurden. Wenn zum Beispiel die elektronische Rechentechnik zur schnelleren und genaueren Durchführung der Rechenarbeiten eingeführt wird, so darf man nicht außer acht lassen, daß die EDVA (in Verbindung mit bestimmten Methoden, die als Maschinenprogramme ausgefertigt werden) auch viele andere Funktionen beherrscht: Sie kann Informationen sammeln und systematisch erneuern; sie kann „ Erfahrungen sammeln“, indem sie die besten Leitungsalgorithmen auswählt; mit ihrer Hilfe kann man nicht nur verschiedene Variantenrechnungen, sondern auch Optimierungsrechnungen für den Plan durchführen, mit ihrer Hilfe kann man die Prognostizierung mittels der Simulation durchführen. Somit wird es durch die Verbindung verschiedener neuer Methoden und Mittel der Sicherung möglich, eine wesentliche Erweiterung der Leitungsfunktionen des automatisierten Systems gegenüber dem bestehenden manuellen System zu gewährleisten. Viele dieser Funktionen erweisen sich nicht nur als nützlich, sondern auch als unbedingt notwendig zur weiteren Entwicklung und Vervollkommnung des Leitungssystems, zum Beispiel die Funktion der optimalen Planung und Leitung, die Funktion der Prognose und der Wahl der besten Strategie auf dieser Grundlage, die Funktion des Sammelns von Erfahrungen und der Weiterentwicklung der Leitungsmethoden und eine ganze Reihe anderer. Die Strukturmatrix der neuen Systeme wird wesentlich größer als die existierende Matrix des alten Systems, und zwar nicht nur in bezug auf die Spalten, die die Mittel zur Sicherung darstellen, sondern auch in bezug auf die Zeilen, die die Funktionen des Systems selbst widerspiegeln.

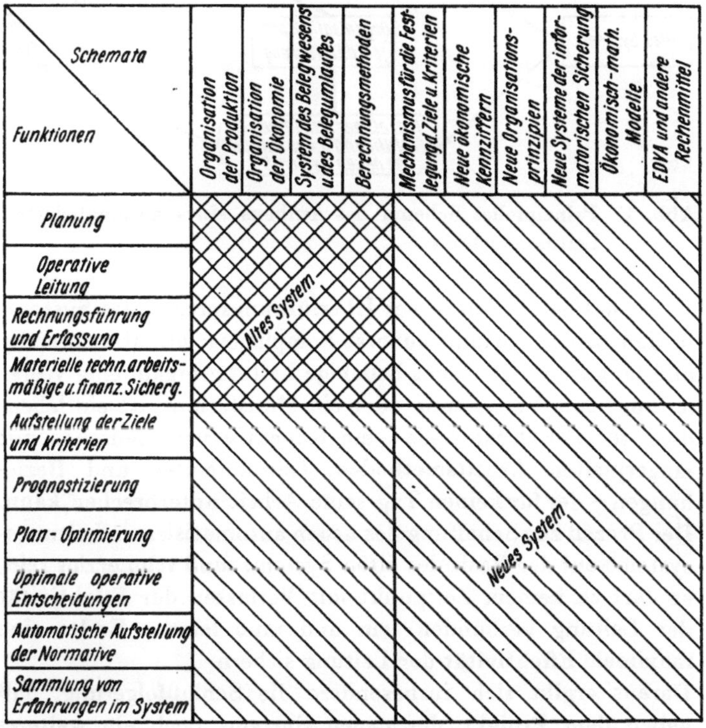

Abb. 16 Vergleichsmatrix der Funktionen und Schemata

Der Prozeß der Schaffung des automatisierten Leitungssystems unterscheidet sich prinzipiell von dem Weg, auf dem man früher in den meisten Fällen die Vervollkommnung der Leitungssysteme anstrebte (das prinzipielle Schema für den Aufbau eines automatisierten Leitungssystems ist in Abbildung 17 dargestellt). Der Prozeß zur Schaffung des neuen Systems wird gewissermaßen zweimal durchgeführt: das erste Mal in informatorischer Hinsicht als Prozeß der Projektierung des neuen Systems und das zweite Mal als materieller, realer Prozeß der Überführung des alten Leitungssystems in den neuen Zustand, der dem projektierten entspricht.

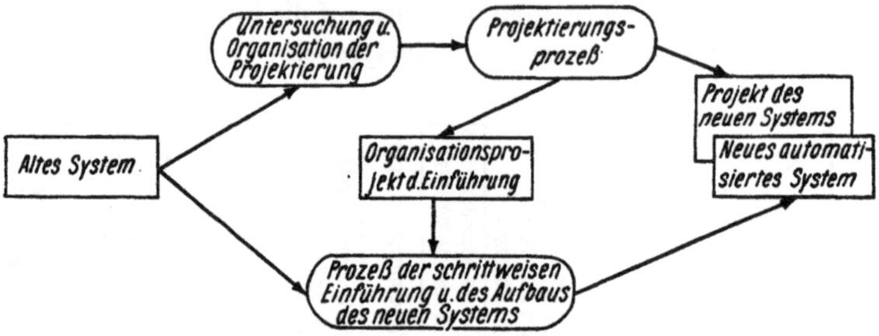

Abb. 17 Prinzipielles Schema des Aufbaus eines automatisierten Leitungssystems

Es ist natürlich, daß dieser Überführungsprozeß des Systems in den neuen Zustand äußerst kompliziert, arbeitsaufwendig und langwierig ist. Jedes beliebige Leitungsorgan, eine Werkleitung, eine Verwaltung oder ein Ministerium, ist ein lebendiger sozialer Organismus – ein Kollektiv von Menschen mit eingespielten Arbeitsmethoden, Gewohnheiten und Beziehungen – der für keinen Tag seine Arbeit unterbrechen kann. Der Prozeß zur Schaffung des neuen automatisierten Leitungssystems auf der Basis des alten Systems muß schmerzlos sein, er darf zu keinem Zeitpunkt mit Verlusten der Effektivität der Leitung verbunden sein und muß letzten Endes eine maximale Effektivität der Leitung sichern.
Daraus ergibt sich insbesondere die Schlußfolgerung, daß neben dem Projekt des neuen Systems noch ein weiteres Projekt – das Organisationsprojekt für die Reihenfolge der Schaffung des neuen Systems – erforderlich ist.
Alle automatisierten Leitungssysteme werden zum ersten Mal geschaffen, zum ersten Mal werden die meisten Methoden in der Praxis erprobt. Wie es bei der Entwicklung eines neuen Erzeugnisses in der Produktion manchmal günstiger ist, auf die Ausarbeitung von Zeichnungen einiger Teile sowie für die Technologie ihrer Herstellung zu verzichten und diesen Prozeß erfahrenen Arbeitern – den Modellmachern – anzuvertrauen,

so ist es auch bei der Schaffung des automatisierten Leitungssystems manchmal besser, viele Teillösungen in der Praxis auszuprobieren und auszufeilen, statt sie vorher zu projektieren. Außerdem werden in den Jahren, in denen das System nacheinander geschaffen und ausgefeilt wird, oft viele einfachere, billigere und komplexe Lösungen für viele komplizierte Fragen gefunden. Deshalb ist es günstiger, das System „nicht ganz fertig" zu projektieren, den Prozeß der Projektierung nicht zu lang hinzuziehen und sich auf ein ziemlich grobes, wenn auch umfassendes Projekt zu beschränken. Wir sind der Meinung, daß man sich in den meisten Fällen auf den Entwurf eines Projektes für ein automatisiertes Leitungssystem beschränken kann und die Projektierung der Arbeit nur für die Teile des Systems durchzuführen braucht, wo das unbedingt notwendig ist.

Wir gehen etwas genauer auf die strukturelle Untergliederung der informatorischen Sicherung des Leitungssystems ein (Abbildungen 18, 19). Die traditionelle Untergliederung der Informationen in Planinformationen, operative Informationen und Berichtsinformationen bzw. in Informationen über die Produktion, die Versorgung, über Arbeitskräfte und Lohn kann bei der Projektierung des Systems der informatorischen Sicherung nicht helfen, da sie die Technologie des Datenverarbeitungsprozesses nicht widerspiegelt. Bekanntlich existieren Informationen nicht an sich, sie werden immer durch irgendwelche Belege wiedergegeben, wobei diese die „physischen", fühlbaren Eigenschaften der Information bestimmen, und zwar diejenigen, die im Prozeß der Projektierung des realen Systems berücksichtigt werden müssen. Deshalb wird der gesamte Komplex von Fragen, die mit der „Verkörperung" der Informationen verbunden sind, in einem Teilsystem zweiter Ordnung – der „Leitungssprache" – betrachtet. Die Informationen können maschinell bearbeitet oder mit maschinellen Mitteln nur dann übertragen werden, wenn sie auf irgendeinem materiellen Beleg fixiert sind.

Diese materiellen Träger mit darauf fixierten Informationen werden zu Belegen des automatisierten Systems, und das Schema ihrer Bewegung und Verarbeitung ist der Belegumlauf. Diese Probleme werden im Prozeß der Entwicklung der jeweiligen Teilsysteme für die Belege und den Belegumlauf gelöst.

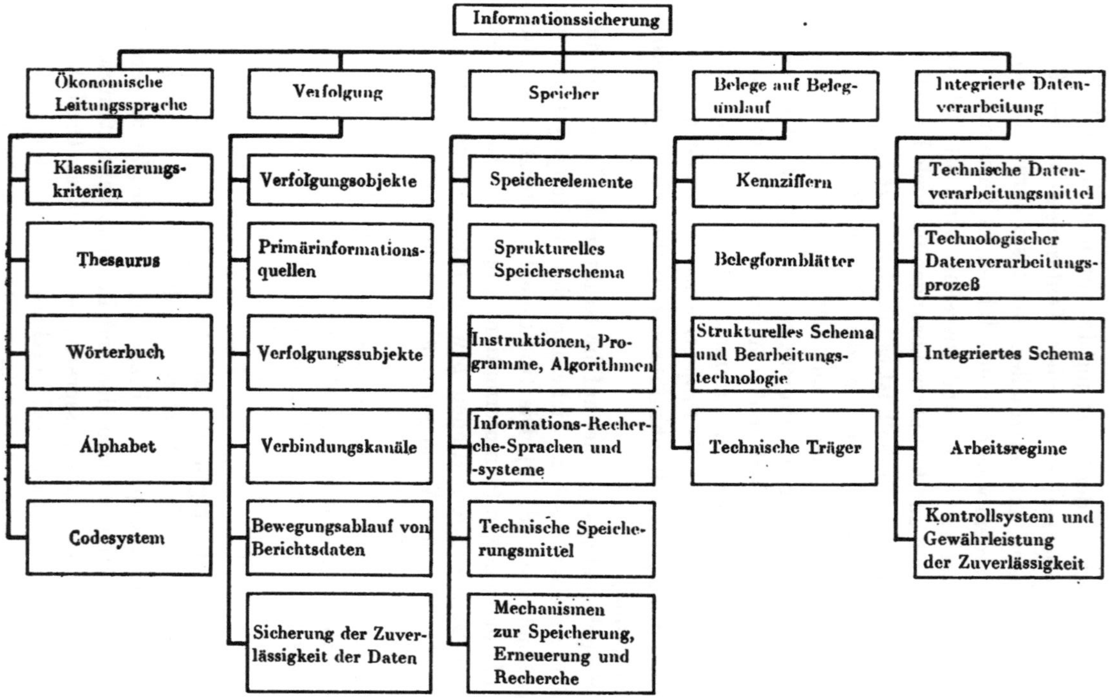

Abb. 18 Dreigliedriger Baum der strukturellen Zerlegung eines Problems

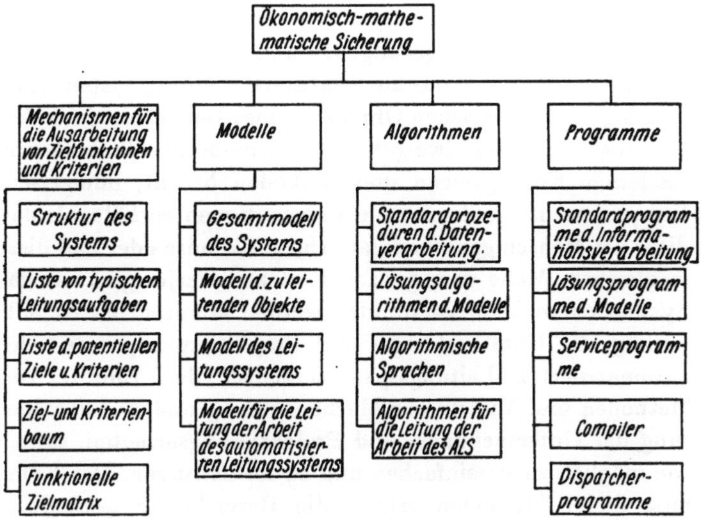

Abb. 19 Dreigliedriger Baum für die strukturelle Untergliederung der ökonomisch-mathematischen Sicherung des automatisierten Leitungssystems

Die Informationen werden objektiv in der Produktion und in der Volkswirtschaft hervorgebracht und in das System mit Hilfe bestimmter Mittel eingegeben. Der gesamte Komplex von Methoden und Mitteln, mit deren Hilfe neue Informationen geliefert werden, wird als System der Recherche bezeichnet und als drittes Teilsystem der Informationssicherung projektiert. Die Verarbeitung von neueingehenden Informationen ist nur dann möglich, wenn das System sich an das „Alte" erinnert, das heißt, wenn es bestimmte Kriterien für die Bewertung der neueingehenden Nachrichten hat, wenn es weiß, wie die neueingehenden Informationen zu verarbeiten sind, womit sie verglichen werden müssen und wie sie zu verwenden sind. Alle Nachrichten, die in klarer Form formuliert und im Leitungssystem zur erfolgreichen Durchführung seiner Funktionen gespeichert werden müssen, machen das „Gedächtnis" (Speicher) des Systems aus und werden als viertes Teilsystem projektiert. Schließlich wird die Arbeit aller dieser Teilsysteme in einem technologischen Verarbeitungsprozeß über das Mensch-Maschine-System verbunden, das auf der Grundlage von Integrationsprinzipien projektiert wird. Somit

verbindet das fünfte Teilsystem – die integrierte Datenverarbeitung – alle vorangegangenen Teilsysteme.
Es ist ganz klar, daß das automatisierte Leitungssystem jedes beliebigen ökonomischen Objektes, eines Betriebes, einer Verwaltung oder eines Zweiges, das auf moderner Technik und modernen Konzeptionen und Methoden beruht, immer sehr kompliziert ist und zu viele Informationen enthält, als daß diese ein Mensch ganz und gar erfassen könnte oder daß diese in gleichem Maße vom ganzen Kollektiv derjenigen, die das System entwickeln, verstanden werden könnten. Es ist notwendig, die Untersuchungs- und Projektierungsprozesse des automatisierten Leitungssystems selbst, den Einsatz von Methoden und Mitteln zur Mechanisierung und Automatisierung der Untersuchungs- und Projektierungsarbeiten, soweit wie möglich zu vereinfachen und zu formalisieren. Der Komplex dieser Methoden erhielt die Bezeichnung *„Schaffung einer Sprache des Systems“*.
Die Sprache des Systems ist ein Instrument zur Vereinfachung des Untersuchungsprozesses des Systems und zur Mechanisierung und Automatisierung der Analyse und Projektierung.
Sie enthält die Sprache der Leitung und alle Begriffe, die für die Beschreibung und Analyse des untersuchten Objektes, für die Projektierung seines automatisierten Systems verwendet werden. Bei der Analyse der Sprache der ökonomischen Leitung interessieren uns alle grammatikalischen, syntaktischen und anderen Regeln, das Alphabet und das Wörterverzeichnis (da sie für die Aufstellung konkreter Datenverarbeitungsprogramme verwendet werden). Bei der Schaffung einer Sprache des Systems, die nur zur Projektierung dient, interessiert uns nur der semantische Gehalt.
Die Elemente der Sprache des Systems innerhalb bestimmter Klassen sind durchweg gleichartig, und von jedem Element braucht man nur sehr wenig zu wissen. Um die Elemente des Systems zu klassifizieren und zu bestimmen, muß man für jedes Element die notwendigen Fragen stellen und darauf die Antworten erhalten. Die Zahl der möglichen Anfragen ist äußerst begrenzt. Ebenso ist die Anzahl der Typen von Elementen beschränkt. Das macht es möglich, den Prozeß der „Erkenntnis“ des Systems soweit wie möglich zu formalisieren und zu vereinfachen und, was das Wichtigste ist, alle erhalte-

nen Kenntnisse darüber zur nachfolgenden Speicherung und Verarbeitung auf EDVA zu verschlüsseln.
Im Prinzip sind zwei Methoden für die Klassifikation der Elemente des Systems möglich. Im ersten Fall werden Begriffe mit einem groben Allgemeinheitsgrad gebildet („Objekte", „Prozesse", „Verbindungen"), und jeder Begriff wird in speziellere Begriffe untergliedert. So können zum Beispiel die „Objekte" in „Kennziffern", „Belege", „Struktureinheiten" untergliedert werden. Danach wird jedem eine Liste beigegeben, in der alle Elemente aufgezählt werden, die zu dieser Klasse gehören, zum Beispiel endet der Zweig „Objekte – Struktureinheiten – Abteilungen" mit einem Verzeichnis der Abteilungen. Da in dem kybernetischen System, das wir untersuchen, alle Elemente der Klasse „Abteilungen" gleich sind (sie werden nur als Informationsverarbeitungsblöcke betrachtet), wird dieser Liste ein Fragebogen beigegeben, der das enthält, was man über jede Abteilung wissen muß. Dieser Weg ist der kürzere, er ist jedoch ziemlich schwierig.
Der andere, leichtere Weg besteht darin, daß man bei der Aufstellung der Sprache des Systems die Methode der strukturellen Aufgliederung des Problems (bei der Entwicklung des automatisierten Leitungssystems) benützt. Die strukturelle Untergliederung der einzelnen Teilsysteme geht bis zur letzten Ebene, der eine Liste der Elemente folgt. Diesen Elementen werden bestimmte Fragen zugeordnet, die für die jeweilige Liste gleich sind. Es wird ein gleiches Verzeichnis der Klassen von Elementen entsprechend den Verzeichnissen der Elemente gebildet, die jedoch einige Male dupliert werden, da sie in verschiedenen Teilsystemen erfaßt werden. Die Beseitigung dieser Duplierung ist nicht schwierig, wenn gleiche Codes vorhanden sind. Ein solches Herangehen sichert eine bessere Erfassung aller Elemente des Systems.
Somit ist die Sprache des Systems ein endlicher Graph in einem mehrdimensionalen Raum. Das auf Papier darzustellen oder sich das geistig vorzustellen ist nicht möglich, man kann es jedoch leicht anwenden. Wenn für jedes Element des Systems eine Lochkarte verwendet wird, so drückt deren Lochung die Verbindung des jeweiligen Elementes mit allen anderen Elementen des Systems aus. Die Verwendung der

Klassifikationsmethode mit Hilfe eines Baumes ermöglicht es, einfache Seriencodes zu verwenden.
Die maschinelle Verarbeitung von Informationen über das System macht keine Schwierigkeiten und erfordert nur einfache Abarbeitungsprogramme. Um zum Beispiel vollständige Informationen darüber zu erhalten, mit welchen Abteilungen eine bestimmte Abteilung im Planungsprozeß verbunden ist, müssen zu Beginn in das Verzeichnis alle Planungskennziffern aufgenommen werden, die bei der Arbeit der gegebenen Abteilung verwendet werden (die eingehen oder dort verarbeitet werden).
Danach werden alle Lochkarten für alle Plankennziffern durchgesehen. Es wird festgestellt, aus welchen Abteilungen sie kamen und in welche Abteilung sie versendet werden. Genauso können durch eine Reihe einfacher Operationen beliebige Nachrichten über die Struktur des Systems ermittelt werden.
Somit können EDVA nicht nur in automatisierten Leitungssystemen, sondern auch im Prozeß der Projektierung und Entwicklung dieser Systeme eingesetzt werden. Ihre Rolle beschränkt sich nicht auf die einfache Verarbeitung der Untersuchungsdaten, sie können auch für die optimale Projektierung der automatisierten Leitungssysteme eingesetzt werden. Durch diese Frage würden wir jedoch zu weit vom Thema abkommen, und zwar in den Bereich der Probleme der optimalen Projektierung.
Da die Methode der Sprache des Systems für die Anwendung in besonders komplizierten und großen Objekten bestimmt ist (zum Beispiel in Zweigleitungsorganen, wo Tausende von Spezialisten arbeiten) und die Anzahl und die Zeitreserven der Entwickler des Systems beschränkt sind, ist es zweckmäßig, für die detaillierte Untersuchung ein ziemlich repräsentatives Experimentierobjekt auszuwählen, in dem die Sprache des Systems entwickelt und erprobt wird (zum Beispiel eine typische Hauptverwaltung, ein Kombinat oder eine Produktionsvereinigung). Wenn im Experimentierobjekt die Struktur der Sprache und ihr wichtigster begrifflicher Inhalt entwickelt ist, so braucht man für alle übrigen Objekte nur einige zusätzliche Nachrichten auszuwählen, die die Spezifik ihrer Arbeit ausdrücken. Das ermöglicht es, im größten Teil der Objekte eine schnelle und genaue organisatorische „Nachuntersuchung“

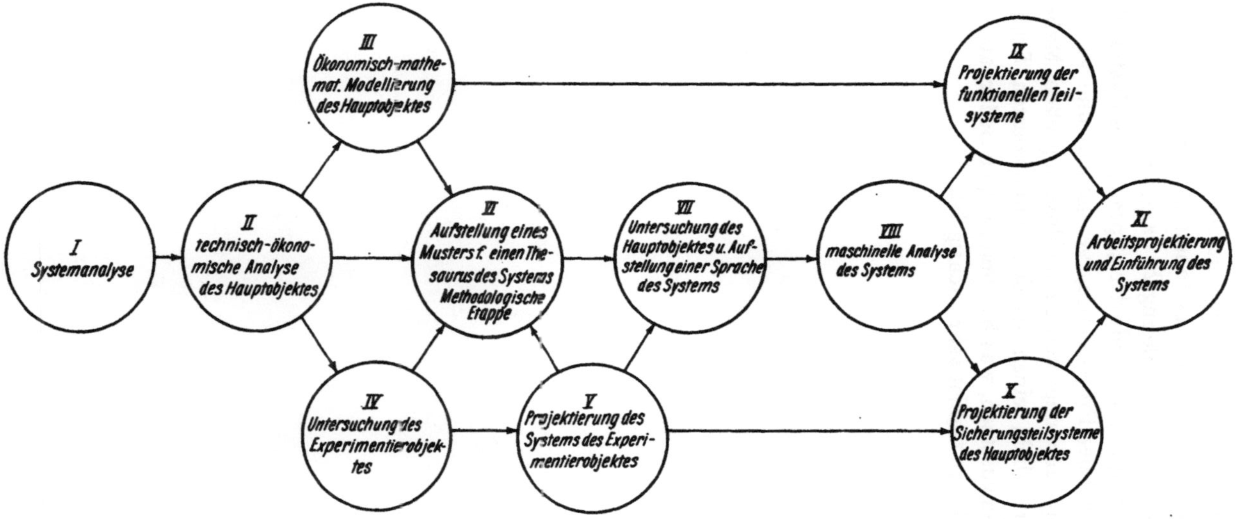

Abb. 20 Prinzipielles Schema der Ausarbeitung eines automatisierten Leitungssystems nach der Methode „Sprache des Systems“

durchzuführen. Insgesamt gewinnt der Prozeß der Entwicklung des Systems einen neuen Inhalt und eine neue zeitliche Struktur, wie das in Abbildung 20 dargestellt ist.
Die Anwendung der Methode der „Sprache des Systems“ und der EDVA bei der Projektierung vereinfacht und vereinheitlicht die Untersuchungsmethoden selbst in großem Maße und macht es möglich, einen weniger qualifizierten Stab von Forschern einzusetzen, was bei dem riesigen Bedarf an Spezialisten auf diesem Gebiet sehr wichtig ist.

Literaturangaben

Zu Kapitel I, 1:

Berg, A. I., Kybernetik — Wissenschaft über die optimale Leitung, Moskau/Leningrad 1964.

Wiener, N., Mensch und Menschenmaschine (The human use of human beings. Cybernetics and society [dt.]), Frankfurt/Berlin 1952.

Wiener, N., Kybernetik oder Steuerung und die Verbindung in Lebewesen und in der Maschine (Cybernetics or control and communication in the animal and the machine [dt.]), Düsseldorf/Wien 1965.

Gluškov, V. M., Einführung in die Kybernetik, Kiev 1964.

Gude, G. M., Makol, R. E., Karlin, S., Systemtechnik. Einführung in die Projektierung großer Systeme, Moskau 1962.

Mathematische Methoden in der Spieltheorie, Programmierung und Ökonomie, Moskau 1964.

Kybernetik und wissenschaftlich-technischer Fortschritt, Moskau 1968.

Lange, O., Einführung in die Ökonometrie, Berlin 1968.

Nemčinov, V. S., Ökonomisch-mathematische Methoden und Modelle, Berlin 1968.

Trapeznikov, V., Fragen der Leitung ökonomischer Systeme, in: Nauka i Zizn, 1/1969.

Fedorenko, N. P., Die optimale Planung und Vervollkommnung der Leitung der Volkswirtschaft, Moskau 1969.

Zu Kapitel I, 2:

Berg, A. I., Černjak, J. I., Information und Leitung, Moskau 1966.

Beer, St., Kybernetik und Management (Cybernetics and management [dt.]), Frankfurt/Main 1967.

Grenevskij, G., Kybernetik ohne Mathematik, Moskau 1964.

Kobrinskij, N. E., Grundlagen der ökonomischen Kybernetik, Moskau 1969.

Lerner, A. J., Grundlagen der Kybernetik, Berlin 1970; Allgemeine Systemtheorie, Moskau 1966.

Reitmann, W. R., Cognition and thought, New York 1965.
Chorafas, A. S., Systeme und Modellierung, Moskau 1967.
Černiak, J. I., Maiminas, J. S., Sherepin, L. M., Ökonomische Kybernetik – Kybernetik im Dienste des Kommunismus, Bd. 5, Moskau/Leningrad 1967.
Ashby, W. R., An Introduction to cybernetics, London 1956.

Zu Kapitel II, 1:

Vinogradov, L. I. (u. a.), Organisation und Planung von Forschungs- und Entwicklungsarbeiten, Minsk 1968.
Systemanalyse, Sammelband der Plankommission der UdSSR, Moskau 1967.

Zu Kapitel II, 2:

Qued, E., Analyse von komplizierten Systemen, Moskau 1969.
Modin, A. A., Jefimov, V. P., Über die Analyse von Leitungs- und Informationssystemen, in: Ekonomika i matematiceskoje metodi, 3/1966, S. 351.
Optner, S. L., Systems Analysis for business management, Englewood Cliffs, N. J. 1960.
Moderne Methoden für die Projektierung von automatischen Leitungssystemen. Analyse und Synthese, Moskau 1967.
Hitch, Ch. J., The Economics of defense in the nuclear age, Cambridge 1961.

Zu Kapitel II, 3:

Das automatisierte System für die Analyse ökonomischer Informationen in einem Ministerium, Moskau 1969.
Vledutz, G. E., Gussef, J. K., Semiotik-Kybernetik im Dienste des Kommunismus, Bd. 5, Moskau/Leningrad 1967, S. 370–405.
Zoskovski, A. K., Untersuchung der ökonomischen Informationsströme, Moskau 1968.
Pljacidevskij, I. A., Informationssysteme in Technik und Ökonomie, Moskau 1966.
Fano, R. M., Informationsübertragung, München/Wien 1966.

Zu Kapitel II, 4:

Awen, O. I., Einschätzung und Auswahl der Rechentechnik für ein automatisiertes Leitungssystem, in: Avtomatika i telemechanika, 7/1969, S. 116–126.
Kurbakov, K. I., Logische Informationssysteme, Moskau 1967.
Loskutov, V. I., Strukturschemata für zweigliche und zwischenzweigliche automatisierte Leitungssysteme, in: Mechanizacija i avtomatizacija proizvodstva, 5/1967, S. 39–41.

Maiminas, J. S., Planungsprozesse in der Ökonomie, Vilnjus 1967.
Zvylev, R., Neue Konzeptionen der Planung und Leitung, in: Mirovaja ekonomika i mezdunarodnye otnosenija, 11/1968.

Zu Kapitel III, 1:

Vorobjov, G. G., Das Problem der Beleginformation – Kybernetik und Dokumentalistik, Moskau 1966.
Gorbunov, P. I., Geschäftspapiere, Moskau 1959.
Zločevskij, S. J., Die psychologische Erziehung zu Formen der Informationsdarstellung, NTI, 5/1966.
Kozlova, O. V., Der wissenschaftlich-technische Fortschritt und die Entwicklung von Leitungsformen, Moskau 1966.
Miller, R. W., Zeit-Planung und Kosten-Kontrolle durch PERT, Hamburg/Berlin 1969.
Michajlov, A. I. (u. a.), Grundlagen der Informatik, Berlin 1970.
Ders., Wissenschaftliche Grundlagen der Steuerung der Produktion, Moskau 1969.
Paraubek, G. E., Netzplanung und -leitung, Moskau 1967.
Organisation und Leitung (Fragen der Theorie und Praxis), Moskau 1968.
Probleme der wissenschaftlichen Organisation der Industrie-Leitung. Wissenschaftlich-technische Unionskonferenz, Moskau 1966.
Technik der Leitung, Moskau 1968.
Juksvjarav, R. K., Probleme der Struktur und Leitung von Business-Organisationen der USA, Tallinn 1968.

Zu Kapitel III, 2:

Iljašenko, N. D., Mechanisierung und Automatisierung der Informationsprozesse in der Leitung eines Betriebes, Kiev 1968.
Korolov, M. A., Verarbeitung ökonomischer Informationen auf EDVA, Moskau 1965.
Liberman, V. B., Rusinov, F. M., Mechanisierung und Automatisierung der Leitungsarbeiten in einem Betrieb, Moskau 1968.

Zu Kapitel III, 3:

Allen, R. G. D., Mathematical Economics, London 1960.
Burkov, V. N. (u. a.), Netzmodelle und Leitungsaufgaben, Moskau 1967.
Buslenko, N. P., Modellierung von komplizierten Systemen, Moskau 1968.
Ventcel', E. S., Einführung in die Operationsforschung, Moskau 1964.

Danzig, J., Linearprogrammierung, ihre Anwendung und Verallgemeinerung, Moskau 1966.

Zukovickij, S. N., Radčik, I. A., Mathematische Methoden der Netzplanung, Moskau 1965.

Korbut, A. A., Finkelstejn, J. J., Diskrete Programmierung, Moskau 1965.

Kaufmann, A., Methods and models of operations research, Englewood Cliffs, N. J. 1964.

Kaufmann, A., Faure, R., Le Garff, A., Les Jeux d'entreprises, Paris 1960.

Lange, O., Einführung in die ökonomische Kybernetik, Berlin 1968.

Novožilov, V. V., Probleme der Messung des Aufwandes und der Ergebnisse bei der optimalen Planung, Berlin 1971.

Ackoff, R. L., Rivett, P., Industrielle Unternehmensforschung (Ein Leitfaden für Führungskräfte), München/Wien 1966.

Fedorenko, N. P., Produktionssteuerung und mathematische Methoden, Moskau 1967.

Churchman, W., Ackoff, R. L., Arnoff, E. L., Einführung in die Operationsforschung (Operations Research [Introduction to operations research] [dt.]), Berlin 1968.

Zu Kapitel III, 4:

Automatische Systeme für die Leitung von Industriebetrieben, Leningrad 1969.

Gluškov, V. M., Automatisierte Leitungssysteme in der Volkswirtschaft, in: Probleme der wissenschaftlichen Organisation der Leitung der sozialistischen Industrie, Moskau 1968.

Gutstejn, A. I., Leitung eines Industriebetriebes und Kybernetik, Moskau 1969.

Dumler, S. A., Automatisierte Leitungssysteme für einen Industriebetrieb, Moskau 1966.

Lapšin, N. P. (u. a.), Grundfragen der Schaffung automatisierter Leitungssysteme für Industriebetriebe, ZEMI der Akademie der Wissenschaften der UdSSR, Moskau 1968.

Starr, M. K., Production Management, Englewood Cliffs, N. J. 1964.

Inhaltsverzeichnis